AF391209

ENSEIGNEMENT NORMAL

DU

DESSIN LINÉAIRE

TEXTE EXPLICATIF

DES DÉFINITIONS ET DE LA CONSTRUCTION DES FIGURES

DU PORTEFEUILLE DU DESSIN LINÉAIRE DES ÉCOLES ET DES COURS D'ADULTES

Publié sous les auspices de la Commission préfectorale
du département de la Seine
pour la propagation de l'enseignement du dessin dans les écoles
de l'arrondissement de Sceaux

Par A. LE BÉALLE

Professeur de Travaux graphiques
Membre de la Commission.

DEUXIÈME SÉRIE.

TRACÉS GÉOMÉTRIQUES.

PARIS.

IMPRIMERIE ET LIBRAIRIE CLASSIQUES

De JULES DELALAIN et FILS

RUE DES ÉCOLES, VIS-A-VIS DE LA SORBONNE.

Par arrêté en date du 24 août 1867, M. le Sénateur Préfet de la Seine a institué une commission chargée d'organiser et de surveiller l'enseignement du dessin dans les écoles primaires et classes d'adultes de l'arrondissement de Sceaux.

La commission est composée ainsi qu'il suit :

MM.

Le baron DE BOYER DE SAINTE-SUZANNE, sous-préfet de l'arrondissement, *président;*

GRÉARD, inspecteur de l'académie de Paris, chargé du service de l'instruction publique à la préfecture de la Seine, *vice-président;*

PINET, inspecteur de l'enseignement primaire de l'arrondissement, *secrétaire;*

BALTARD, membre de l'Institut, directeur du service d'architecture et des beaux-arts à la préfecture de la Seine;

AUBERT, maire de Vincennes;

CULLERIER, maire de Sceaux;

GODILLOT, maire de Charenton:

LEFÈVRE, maire de Villejuif;

E. BRONGNIARD, inspecteur de l'enseignement du dessin dans les écoles communales de Paris;

PÉRIGNON, peintre, ancien directeur de l'école des beaux-arts de Dijon;

LEQUIEN, directeur du cours municipal du XIe arrondissement;

PAUL MANTZ, rédacteur de l'*Artiste* et de la *Gazette des Beaux-Arts;*

LE BÉALLE, professeur de travaux graphiques;

LÉOPOLD GRAVIER, attaché à la préfecture de la Seine, *secrétaire adjoint.*

Dans sa séance du 24 octobre 1867, la commission a chargé M. Le Béalle de préparer des séries de modèles de dessin linéaire, ainsi que de faire des conférences sur son enseignement aux instituteurs de l'arrondissement de Sceaux.

EXPOSÉ DE LA MÉTHODE

DE DESSIN LINÉAIRE

FAIT

A LA SÉANCE D'OUVERTURE DES CONFÉRENCES

AUX INSTITUTEURS DE L'ARRONDISSEMENT DE SCEAUX.

(11 juin 1868.)

MESSIEURS,

La connaissance du dessin acquiert de jour en jour une importance plus considérable ; c'est à ce point qu'utile hier, nécessaire aujourd'hui, elle sera demain indispensable aux élèves de vos écoles, qui sont destinés, en majeure partie, à devenir plus tard de laborieux et habiles ouvriers.

Nous sommes loin des temps où l'homme se contentait de la dépouille d'un animal, pour se couvrir ; d'une grotte creusée par la nature, ou d'une hutte en branchages enchevêtrés par lui, pour s'abriter ; d'un tertre, d'un tronc d'arbre, d'un amas de feuillages, pour se reposer. Il lui faut maintenant des vêtements en tissus moelleux, aux dessins variés, à la coupe laborieusement et savamment étudiée ; des habitations coquettes ou somptueuses au dehors, souriantes et confortables à l'intérieur; des ameublements aux formes élégantes, répondant à toutes les exigences du bien-être.

Aussi toutes les industries réclament-elles aujourd'hui le concours de l'art, pour apporter à leurs produits la grâce et la perfection. Les moindres ustensiles de ménage, voire même les engins de destruction, dissimulent leurs usages vulgaires ou meurtriers sous les ornements qui les décorent.

Le tailleur, l'architecte, l'ébéniste, le mécanicien, en un mot tous les membres militants de la grande phalange des travailleurs, trouvent dans le dessin un auxiliaire des plus précieux, car il est l'interprète le plus fidèle entre l'esprit qui conçoit et la main qui exécute, entre l'ingénieur ou le patron et l'artisan.

Combien n'a-t-on pas vu d'ouvriers intelligents, ayant d'heureuses et de grandes idées, pouvant devenir contre-maîtres, patrons, hommes célèbres, et rester cependant toute leur vie au dernier rang : pourquoi? parce que leur main était inhabile à traduire leur pensée. Que d'inventions utiles n'a-t-on pas vues rester à l'état de projet, ou bien causer la ruine de leurs auteurs, ou encore devenir la proie d'intermédiaires infidèles : pourquoi? parce que les inventeurs ne savaient pas représenter, expérimenter pour ainsi dire, par le dessin, les innovations qu'enfantait leur génie.

M. le baron de Boyer de Sainte-Suzanne, sous-préfet de Sceaux, M. Gréard, inspecteur de l'académie de Paris, M. Pinet, inspecteur des écoles, ont donc été bien heureusement inspirés en sollicitant de M. le préfet de la Seine la formation d'une commission spécialement chargée d'organiser, de surveiller, d'encourager l'enseignement du dessin dans les écoles de votre arrondissement.

Grâce à cette prévoyante initiative, vous aurez l'honneur, Messieurs, de faire les premiers un pas de plus en avant dans la voie progressive de l'éducation populaire. Cet honneur ne sera pas pour vous vain et stérile ; des récompenses pécuniaires et honorifiques vous seront libéralement décernées, et vous aurez, en outre, la grande et légitime satisfaction d'être utiles une fois de plus à vos concitoyens.

Plusieurs nations européennes : la Suisse, l'Autriche, la Prusse, entre autres, nous ont devancés dans la vulgarisation de l'enseignement du dessin. C'est à vous de faire conquérir à la France, sur ce point, le premier rang qu'elle occupe sur tant d'autres, car votre exemple sera bientôt suivi par vos collègues de toute la France.

Comme mesure fondamentale, la commission a décidé que l'enseignement du dessin serait uniforme pour toutes les écoles ; qu'il y serait donné d'après des méthodes et avec des modèles choisis, approuvés par elle ; il en résultera : que la comparaison entre les travaux de tous les élèves sera constamment facile ; que la répartition des récompenses sera toujours juste et équitable ; qu'une noble et fructueuse émulation ne cessera de régner entre les maîtres comme entre les élèves. Vous serez ces maîtres exclusifs pour l'un des genres de dessin.

Je viens de dire : l'un des genres de dessin, car il y en a deux bien distincts : le *dessin d'imitation* et le *dessin linéaire*.

Le Dessin d'imitation, qui mérite surtout le titre de dessin artistique, a pour objet : soit la représentation des produits de la nature ou des arts, soit leur imitation dans des compositions imaginaires. Il indique les contours, les effets d'ombre et de lumière à l'aide de crayons d'une ou de plusieurs couleurs. Il procède généralement par groupes, dans lesquels chaque objet perd ses proportions propres et relatives pour prendre celles que lui prête la perspective. Ses productions ont pour but de récréer la vue ; il est la base de la peinture et de la sculpture.

Son étude a lieu :

Soit *d'après des modèles* : dessins, lithographies, gravures, etc. ;

Soit *d'après la bosse* : bustes, statues, bas-reliefs, etc. ;

Soit *d'après nature* vivante ou morte : plantes, animaux, etc.

Le génie seul peut le faire atteindre à la perfection.

Le DESSIN LINÉAIRE, plus modeste, mais plus spécialement scientifique, s'occupe : du tracé des plans, des projets de construction de tout genre ; de la représentation des formes les plus correctes et les plus gracieuses des produits des arts industriels ; d'en créer de nouvelles, tout en n'indiquant que les contours par des lignes tracées au crayon de graphite, à la plume ou au tire-ligne. Il ne traite généralement que d'un seul objet à la fois, que ce soit un meuble, une machine, un édifice ; mais, quelle que soit l'étendue du sujet, il conserve strictement la relation des proportions entre toutes les parties. Son but est de faciliter la mise en œuvre des objets représentés, de conserver des modèles de choix pour en extraire diverses parties et les approprier à de nouvelles conceptions.

L'étude et la pratique suffisent à son entier développement.

Ces deux genres de dessin ont d'ailleurs de fréquents points de contact. Le dessin d'imitation emprunte la rectitude, la précision, l'heureuse disposition des lignes au dessin linéaire, qui, à son tour, lui doit la pureté, l'élégance des formes dans l'ornementation et dans la représentation des objets naturels, tels que fleurs, feuilles, animaux, etc.

Il y a en dessin linéaire deux manières d'opérer qui, employées isolément ou simultanément, constituent trois genres bien distincts : le *dessin à main levée*, le *dessin géométrique*, le *dessin mixte* ou *d'application*.

Le *dessin à main levée* consiste dans le tracé des lignes représentant des figures géométriques, des ornements, des feuillages, etc., sans aucun autre instrument que le crayon de graphite ou la plume. Son nom n'est pas littéralement exact, car il ne s'exécute pas la main levée au-dessus de la surface sur laquelle on dessine, mais bien appuyée légèrement, agissant librement sans autre guide que sa propre sûreté. Son enseignement n'exige donc pas un matériel dispendieux ; il doit avoir lieu dans les écoles de filles, et dans les écoles de garçons pour les commençants.

Le *dessin géométrique* est la partie essentiellement scientifique du dessin linéaire ; il n'abandonne rien aux caprices du goût, ne laisse aucune prise au doute quant à l'exactitude des opérations qu'il effectue, car elles sont toutes soumises à des règles fixes, géométriquement c'est-à-dire rigoureusement démontrées. Dans ce genre de dessin, le crayon ou le tire-ligne sont guidés dans leur marche par des instruments dits de mathématiques, tels que la *règle* et le *compas*. L'*équerre*, le *T*, les *règles parallèles* sont trois de ces instruments dont l'usage est précieux dans la pratique, mais dont il faut user sobrement dans l'étude des tracés géométriques, car leur emploi supprime nombre d'opérations qu'il est indispensable de bien connaître et que l'on ne sait bien qu'après les avoir fréquemment exécutées ; nous indiquerons cependant leurs usages chaque fois que l'occasion s'en présentera. Le dessin géométrique est la véritable clef du dessin linéaire, car il comprend non-seulement les théories de construction, mais encore les définitions des figures géométriques que doivent connaître ceux-là même qui ne veulent ou ne peuvent apprendre que le dessin à main levée.

Le *dessin mixte* ou *d'application* n'est autre chose que l'emploi simultané du dessin géométrique et du dessin à main levée, appliqués à la représentation des objets d'arts industriels. Il peut être enseigné aux élèves les plus avancés des écoles, et doit l'être aux élèves des cours d'adultes.

C'est l'enseignement du dessin linéaire qui vous sera confié, et c'est pour que je vous expose la méthode de son choix que la commission m'a déféré l'honneur de vous faire quelques conférences.

Vous n'aurez pas à redouter, au début de cet enseignement, la répulsion qu'éprouvent trop ordinairement vos jeunes élèves pour les premières notions des connaissances que vous avez à leur inculquer. Le goût du dessin est inné chez tous, et tel élève qui prend la plume avec répugnance pour tracer quelques lignes d'écriture, la saisit avec empressement pour ébaucher des bonshommes, des arbres, des maisons, des locomotives aux formes fantastiques. Vous n'aurez donc qu'à guider leurs premiers pas pour les voir promptement marcher seuls, puis courir; chez les plus indolents eux-mêmes, vous aurez à modérer l'élan bien plus qu'à le stimuler.

En dehors de son utilité pratique et industrielle, l'étude du dessin linéaire offre encore de nombreux avantages; elle donne des habitudes de symétrie, de propreté, d'ordre. Vous saurez tous, Messieurs, faire jaillir de cette source féconde les eaux vivifiantes du progrès qu'elle recèle en son sein.

Je n'ai pas à vous préconiser une méthode au détriment des autres; mais je dois vous rappeler avec insistance que d'une méthode même défectueuse peuvent découler des résultats satisfaisants, lorsqu'elle est scrupuleusement suivie, tandis que la meilleure ne produira jamais que des résultats insignifiants, nuls même, tant qu'elle ne sera que superficiellement appliquée.

Vous aurez d'ailleurs à apporter votre part de perfectionnement à celle que je vais vous exposer, soit par vos interpellations pendant les conférences, soit par les observations que vous suggérera son application. Les unes comme les autres seront accueillies avec d'autant plus d'empressement, qu'elles permettront d'élucider ou de rectifier les démonstrations, de corriger les erreurs matérielles, en un mot, d'apporter à la méthode toutes les modifications utiles.

D'après cette méthode, toutes les mesures susceptibles d'être fixées sont cotées (inscrites) en millimètres sur tous les modèles : dimensions des lignes déterminées par les données; dimensions des lignes indéterminées, qui peuvent être prises arbitrairement dans de certaines limites, en dehors desquelles l'élève courrait fréquemment le risque de s'égarer; enfin, désignation de l'emplacement que chaque figure doit occuper par rapport aux autres.

De cette inscription des mesures en millimètres il résulte trois avantages principaux.

En premier lieu, l'élève n'a à prendre aucune mesure sur son modèle, soit avec le compas, soit de toute autre manière. Son dessin est régulier et entièrement conforme aux données qui ont présidé à l'exécution du modèle, ce qui n'existe pas lorsque les mesures sont prises sur le modèle lui-même; en effet, celui-ci ayant été imprimé sur papier mouillé, perd toute exactitude dans ses dimensions par suite de la contraction que subit le papier en séchant, contraction qui s'opère généralement plus dans un sens que dans l'autre.

En second lieu, l'exécution d'ensemble de chaque planche est rendue très-facile; l'élève, n'ayant pas à chercher l'emplacement de chaque figure, n'a qu'à se préoccuper de la théorie de sa construction. Il n'en est pas ainsi pour les modèles non cotés, avec lesquels l'élève, tout en comprenant parfaitement la théorie de construction des figures d'une même planche, ne sait où placer chacune d'elles, les dispose mal le plus souvent, tout en se donnant beaucoup de peine, et éprouve parfois un découragement qui disparaîtra par l'emploi des mesures cotées.

Enfin, l'élève acquiert l'habitude d'apprécier à vue d'œil les plus petites dimensions des objets qu'il compare instinctivement et mentalement aux dimensions des figures qu'il a reproduites.

Pour reporter ces mesures sur son dessin, l'élève doit se servir d'une *règle divisée symétriquement*, instrument qui appartient exclusivement à la méthode.

L'un des côtés de cette règle, taillé en biseau, est divisé en millimètres, dont la numération a pour point de départ un 0 placé au milieu de la longueur de la règle : de là son nom de symétrique, car les nombres désignant la numération des millimètres vont en croissant symétriquement, c'est-à-dire uniformément, en s'éloignant de chaque côté du 0. Nous verrons, dès les premières opérations, quels avantages présente l'emploi de cette règle.

Passons au mode d'enseignement. Tous les élèves qui doivent dessiner commenceront par apprendre quelques définitions indispensables, que le maître leur expliquera préalablement avec les démonstrations au tableau. Ces définitions, qui ne peuvent être que sommaires, seront complétées en temps utile. Elles sont peu nombreuses, et nous allons les passer rapidement en revue. (*Voir Lignes, Angles, n*os 1 à 20.)

Pendant que tous les élèves apprendront ces définitions, le maître expliquera en particulier, à cinq ou six des plus avancés, la construction du cadre et ses dispositions intérieures. Ces élèves serviront de moniteurs, chacun à deux autres, et cela successivement jusqu'à ce que tous comprennent ces opérations, le maître se réservant la surveillance générale.

Lorsque tous les élèves auront reçu individuellement ces explications, le maître fera la démonstration générale au tableau, lentement, en scandant les opérations et en les expliquant. Les élèves, pendant cette démonstration comme pendant toutes les autres, devront écouter sans opérer, mais en suivant sur le modèle que chacun doit avoir devant soi. *(Voir Construction du cadre, nᵒˢ 20 à 24.)*

Cette démonstration terminée, le maître se fera remplacer au tableau par son meilleur moniteur. Il fera apprêter par tous les élèves les crayons et les compas avec la branche à crayon, en recommandant de tailler les crayons longs et fins; il les préviendra : que les lignes droites doivent être menées le long du côté non divisé de la règle; que toutes les lignes ponctuées sur le modèle, servant à indiquer la distance d'un point à un autre, n'ont pas besoin d'être tracées, même au crayon.

Le moniteur appelé au tableau, sur lequel le maître aura laissé subsister son tracé, répétera l'énoncé des opérations, d'une manière un peu différente de celle du maître, en simulant les opérations. *(Voir nᵒ 24.)*

Cette manière de procéder diffère de celle du maître, parce que celui-ci doit faire comprendre le but de chaque opération, au fur et à mesure qu'il l'exécute, tandis que le moniteur doit opérer de la manière la plus rapide.

Le moniteur, après avoir indiqué une opération, s'arrêtera pour laisser aux élèves le temps de l'effectuer; il ne commencera la suivante que sur le signal du maître, qui ne le donnera qu'après avoir vérifié ou fait vérifier par les moniteurs la bonne exécution de la précédente.

Chaque élève, à tour de rôle, devra exécuter au tableau la construction du cadre. Cet exercice est fort utile pour donner l'habitude d'exécuter les dessins à grande échelle, habitude si nécessaire aux appareilleurs en architecture, en charpente, etc.

J'insiste beaucoup, Messieurs, sur cette construction du cadre, parce qu'elle est compliquée pour des commençants ; mais une fois comprise, tout élève peut l'exécuter en trois ou quatre minutes, et l'attention suffit pour arriver promptement à ce résultat. De la sûreté de ce point de départ dépend un complet succès.

Effectuons maintenant les opérations de dispositions intérieures du cadre, destinées à déterminer l'emplacement des figures. (*Voir n*os **27** à **50**.)

Je terminerai cette conférence en vous invitant à éveiller, dans les cœurs de vos élèves, des sentiments de gratitude pour les administrateurs dont la sollicitude paternelle et éclairée s'efforce d'aplanir, devant leurs pas, les aspérités de la route qui doit les guider vers un avenir prospère.

Quant à nous, Messieurs, nous ne nous séparerons pas sans exprimer notre reconnaissance : envers M. le Préfet de la Seine et MM. les promoteurs de la formation de la commission ; envers les hommes éminents qui composent la commission et qui nous confient l'honorable mission d'élever une partie de l'édifice dont ils ont élaboré les plans, mission à laquelle aucun de nous ne voudra faillir; envers M. Duruy, l'éminent historien qui puise dans la science du passé les fertiles enseignements qu'il s'efforce de propager au profit du présent et de l'avenir ; qui, Ministre de l'Instruction publique, seconde avec tant de courage et de succès le Souverain, dont la préoccupation constante est de doter les classes laborieuses du *bien-être matériel*, source de force et de santé, de l'*émancipation intellectuelle*, mère féconde de toutes les libertés durables.

A. Le Béalle.

ENSEIGNEMENT NORMAL

DU

DESSIN LINÉAIRE

DEUXIÈME SÉRIE.

TRACÉS GÉOMÉTRIQUES.

NOTIONS PRÉLIMINAIRES.

1. Lignes. Si vous pliez une feuille de papier en deux, le pli forme ce que l'on appelle une *ligne;* la ligne doit donc être considérée comme n'ayant ni largeur ni épaisseur, mais longueur seulement. En dessin, les lignes ont matériellement les trois dimensions, mais on ne tient compte que de leur longueur. De plus, elles diffèrent souvent de grosseur pour certains motifs ; ainsi, dans nos modèles, les *lignes données* (ce qui veut dire sur lesquelles on opère) sont plus grosses que les autres, afin de les faire reconnaître au premier coup d'œil. Une ligne se représente par un trait mené au crayon, à la plume ou au tire-ligne.

Il y a deux sortes de lignes : les droites et les courbes.

2. Droites. Une ligne est droite lorsque tous les points qui la composent sont dans la même direction ; c'est le plus court chemin d'un point à un autre. Le pli de la feuille de papier dont nous venons de parler forme une ligne droite.—Par deux points, à quelque distance qu'ils soient, on ne peut mener qu'une seule ligne droite, le *point* étant considéré comme n'ayant aucune dimension. Une droite est donc déterminée lorsque l'on connaît deux points par lesquels elle doit passer.

3. On désigne une ligne droite en plaçant une lettre à chacun des deux points qui la déterminent ou à chacune de ses extrémités, et l'on énonce ces deux lettres comme formant un seul mot. On peut même désigner une droite par une seule lettre placée à l'un quelconque de ses points, lorsqu'il n'y a pas matière à confusion.

4. Il n'y a qu'un seul genre de lignes droites; mais on leur donne différents noms suivant les positions relatives qu'elles occupent par rapport les unes aux autres et dans la nature. Ainsi on distingue les droites parallèles, horizontales, verticales, perpendiculaires, obliques, sécantes.

5. **Parallèles.** Deux droites sont parallèles lorsqu'elles sont toujours à égale distance l'une de l'autre, et que, par conséquent, elles ne peuvent jamais se rencontrer. Les deux rails d'une voie ferrée qui s'avance en ligne droite sont parallèles. Deux droites, dont chacune est parallèle à une troisième, sont aussi parallèles entre elles.

6. **Horizontales.** Une droite est horizontale lorsqu'elle est parallèle à l'eau dormante. En dessin, toutes les horizontales sont parallèles et parcourent la feuille de papier dans le sens de sa largeur, c'est-à-dire de gauche à droite.

7. **Verticales.** Une droite est verticale lorsqu'elle suit la direction du fil-à-plomb. En dessin, toutes les verticales sont parallèles et parcourent la feuille de papier dans le sens de sa hauteur.

8. **Perpendiculaires.** Deux droites sont perpendiculaires l'une à l'autre, lorsqu'elles sont entre elles comme une horizontale est avec une verticale. Une verticale et une horizontale sont toujours perpendiculaires entre elles; mais deux perpendiculaires ne sont pas, pour cela, l'une horizontale, l'autre verticale.

9. Pour bien faire comprendre cette distinction, prenons un compas, ouvrons-le et tenons-le de telle sorte que l'une de ses branches soit horizontale et l'autre verticale; puis, sans modifier l'ouverture, tenons-le de telle sorte que les branches perdent la direction horizontale ou verticale : elles n'en restent pas moins perpendiculaires entre elles. Il faut donc se garder de confondre la désignation de verticale avec celle de perpendiculaire.

1.

10. Nous avons dit, nº 6, qu'en dessin toutes les horizontales sont considérées comme devant être parallèles. Il s'en faut que cela soit réel dans la nature : car, eu égard à la courbure de la terre, une horizontale au pôle serait perpendiculaire à une horizontale à l'équateur; les deux branches qui, au-dessous d'une girouette, désignent la direction des quatre points cardinaux, sont horizontales et cependant perpendiculaires entre elles.

11. De même, nous avons dit, n° 7, qu'en dessin toutes les verticales sont parallèles; or, deux fils-à-plomb tenus, l'un de la main droite, l'autre de la main gauche, ne sont même pas parallèles, puisqu'ils se rencontreraient au centre de la terre s'ils étaient prolongés jusque-là. Les définitions de ces droites sont donc fictives, et ne sont données que pour désigner deux positions de la ligne droite, invariables en dessin. Nous verrons, lors de la construction du cadre, qu'en dessin l'on donne le nom de verticales aux lignes qui parcourent la feuille dans le sens de la hauteur, et celui d'horizontales aux lignes qui parcourent la feuille en largeur.

12. Obliques. Une droite est oblique lorsqu'elle n'est ni horizontale ni verticale. Deux droites sont obliques entre elles lorsqu'elles ne sont ni parallèles ni perpendiculaires.

13. Sécantes. Deux droites sont sécantes lorsqu'elles se coupent en un point, auquel on donne le nom de *point d'intersection.* Deux droites ne peuvent se rencontrer qu'une seule fois, et, par conséquent, ne peuvent avoir qu'un seul point d'intersection; mais ce point peut être pris n'importe où, sauf en cas de données qui désignent sa place.

14. Courbes. Une ligne est courbe lorsque trois quelconques de ses points consécutifs ne sont pas en ligne droite. Nous disons consécutifs, car une courbe en forme de spirale, de serpentin, etc., pourrait avoir un très-grand nombre de points en ligne droite. Pour la démonstration, il faut nécessairement prendre ces points non consécutifs, mais à une certaine distance l'un de l'autre. Il y a une très-grande variété de lignes courbes. Nous ne nous occuperons maintenant que de la circonférence, qui est la plus importante.

15. Circonférence. On nomme circonférence une ligne courbe tracée au compas ; l'une des pointes du compas pivote sur elle-même en un point nommé *centre*, tandis que l'autre décrit une ligne courbe dont les deux extrémités se raccordent. — Cette ligne entoure une surface appelée *cercle* ; de là le nom de circonférence, qui veut dire entourer. Il faut donc se garder d'appeler cercle la ligne qui entoure, c'est-à-dire la circonférence. — La distance entre les deux pointes du compas, que l'on nomme *rayon*, ne varie pas pendant le tracé d'une même circonférence ; tous les points d'une circonférence sont donc *équidistants* (à égale distance) du centre. Une circonférence est d'autant plus grande que son rayon est plus grand. — Une partie de circonférence porte le nom d'*arc*. — On nomme *corde* d'un arc la droite qui aboutit aux deux extrémités de cet arc.

16. Deux circonférences ou deux arcs peuvent se couper en un ou deux points d'intersection ; ils peuvent, en outre, ne faire que se toucher en un seul point appelé *point de contact ou de tangence*. Une droite ne peut être *tangente* à une autre droite, mais elle peut être tangente à un ou plusieurs arcs n'appartenant pas à la même circonférence. Lorsqu'une droite doit être tangente à deux arcs, elle est déterminée, car il n'y a alors que deux points (un de chaque arc) qui peuvent être en même temps points de tangence. Quatre arcs se coupant deux à deux donnent deux points d'intersection qui peuvent servir à déterminer une droite.

17. Angles. On nomme *angle* l'espace compris entre deux droites qui se rencontrent. Les lignes qui forment un angle sont appelées ses *côtés*, et le point où elles se rencontrent est son *sommet*. Deux lignes qui se rencontrent à l'une de leurs extrémités ne forment qu'un seul angle ; si l'une d'elles s'étend de chaque côté du point de rencontre, il y a deux angles de formés, ayant leur sommet commun, et le côté qui se termine au sommet est également commun aux deux angles ; deux sécantes forment quatre angles ayant le point d'intersection pour sommet commun, et chaque côté est commun à deux angles, etc.

18. Lorsqu'il n'y a qu'un seul angle de formé, on peut le désigner par une seule lettre placée à son sommet ; lorsqu'il y a plusieurs angles, on désigne chacun d'eux par trois lettres. l'une placée au sommet, et chacune des deux autres à l'autre extrémité de chacun des côtés. Dans l'énoncé de ces lettres, celle qui est située au sommet doit toujours être nommée entre les deux autres.

19. **Cotes.** On appelle *cote* un nombre indiquant la mesure ou distance linéaire qui doit exister entre deux points. Sur nos modèles, les cotes expriment les distances en millimètres. Les cotes s'inscrivent de deux manières :

1º Lorsqu'il n'y a qu'à indiquer la distance entre les deux extrémités d'une droite, comme (*pl.* 1) entre A, E, ou entre E, G, la cote s'inscrit sur le parcours de la ligne, comme ici 140 et 110, généralement vers le milieu, comme 110 ;

2º Lorsqu'entre les extrémités d'une droite on a plusieurs mesures à prendre, il est bon de choisir un seul point de départ pour toutes les cotes qui sont dites alors *cotes additionnées,* soit au milieu, soit à une extrémité de la ligne : au milieu V de l'horizontale inférieure du cadre (*pl.* 1), lorsque ce point est bien déterminé par les opérations précédentes, et surtout lorsque, comme ici, des mesures identiques doivent être prises de chaque côté ; à l'une des extrémités, comme en B (*pl.* 2, *fig.* 3) pour les cotes 10, 65. Les cotes sont alors inscrites chacune auprès du point qu'elle détermine.

Observation importante. Nous recommandons l'emploi des *cotes additionnées,* comme n'exposant jamais qu'à des erreurs insignifiantes. Lorsqu'au contraire on prend successivement et séparément chaque mesure, la moindre erreur, qui peut se répéter chaque fois, finit par produire une erreur considérable dont la source est fort difficile à trouver.

PLANCHE 1.

Construction du cadre.

20. Tous les cadres de nos modèles ont les mêmes dimensions : 0ᵐ,26 sur 0ᵐ,20. Pour la *construction au tableau*, il est nécessaire d'augmenter ces mesures; l'échelle la plus convenable est de 0ᵐ,03 pour 0ᵐ,04. Pour opérer cette transformation, les nombres étant inscrits en millimètres sur le modèle, il suffit de multiplier par 3 et de supprimer le dernier chiffre à droite, ce qui donne le nombre de centimètres voulu.

21. Mais, avant de construire le cadre au tableau, il faut d'abord figurer la feuille de papier (in-4° raisin) par un premier cadre ABCD (*pl. 1*) de 1ᵐ,00 sur 0ᵐ,80. Il doit être tracé à vue d'œil, sans compas, avec le seul secours d'une règle de 1ᵐ,00.

Opération. 1° Vers la gauche du tableau, menons une verticale AB, de 1ᵐ,00 ;
2° Par le sommet A de cette verticale, menons de gauche à droite une horizontale AD de 0ᵐ,80 ;
3° A partir de l'extrémité inférieure B de la verticale AB, prenons à droite, avec le mètre, une distance de 0ᵐ,80 dont le point indicateur C se trouve au-dessous du point D ;
4° Par le point D et le point C, menons une verticale DC, de 1ᵐ,00 ;
5° Joignons les extrémités inférieures par une horizontale BC.

22. Nous ferons observer que ce cadre extérieur peut fort bien ne pas être très-régulier, ce qui n'empêchera pas le véritable cadre de l'être. Il en est de même avec la feuille de papier: elle est presque toujours de forme irrégulière; mais, d'après notre procédé de construction, le cadre doit toujours l'être. Le cadre extérieur ABCD étant construit, procédons à la construction régulière du véritable cadre.

23. La démonstration de la construction du cadre se fera au tableau de la manière suivante, pour la première fois, afin de faire comprendre aux élèves le but de chaque opération. (Nous verrons au nº 24 cette même démonstration exécutée beaucoup plus rapidement et telle qu'elle doit être pratiquée par les élèves.)

1° Des points A, B, C, D, pris successivement pour centres, aussi près que possible des sommets des angles de la feuille, et d'un rayon arbitraire un peu plus grand que la demi-largeur de la feuille (140ᵐᵐ et au tableau 42ᶜ), décrivons l'un des arcs *a, b, c, d;* — par les points d'intersection E, F de ces arcs, menons la droite VV, du haut en bas de la feuille. Les points E, F sont chacun à égale distance des deux bords verticaux de la feuille; la ligne VV qu'ils déterminent partage donc la feuille de papier en deux parties égales dans sa largeur : cette droite VV est la *verticale de construction du cadre.*

2° Du point d'intersection E, et d'un rayon arbitraire un peu plus grand que la demi-distance qui sépare ce point E du point F (110ᵐᵐ et au tableau 33ᶜ), décrivons deux arcs *e, e,* en déssous du point E, l'un à droite, l'autre à gauche de la verticale de construction; — du point d'intersection F, et du même rayon, décrivons deux arcs *f, f,* en dessus du point F, l'un à droite, l'autre à gauche de la verticale de construction, et de telle sorte que ces arcs donnent avec les arcs *e, e,* les points d'intersection G, J; — par ces points d'intersection G. J, menons la droite HH dans toute la largeur de la feuille. Les points G, J sont chacun à égale distance des deux bords horizontaux de la feuille; la droite HH qu'ils déterminent divise donc la feuille en deux parties égales dans sa hauteur. Cette droite HH, perpendiculaire au milieu de VV, est l'*horizontale de construction du cadre.*

3° Du point d'intersection E, et d'un rayon de 100ᵐᵐ (30ᶜ au tableau), décrivons deux arcs *mn,* l'un à droite, l'autre à gauche; — du point d'intersection F, et du même rayon décrivons deux arcs *or,* l'un à droite, l'autre à gauche; — menons de chaque côté de la verticale de construction les droites MN, RS, tangentes aux deux arcs *mn, or.* Ces tangentes MN, RS sont équidistantes et parallèles de chaque côté de la verticale de construction VV; elles sont donc elles-mêmes verticales, et ce sont les *verticales du cadre.*

4° Plaçons la règle divisée le long de la droite MN, le 0 juste au point d'intersection de l'horizontale de construction HH avec la droite MN. et pointons sur cette dernière, de chaque côté de cette intersection, une distance de 130ᵐᵐ (39ᶜ au tableau) : — opérons de même sur la ligne RS, et, par ces points de division, deux à deux, menons les droites TU, XY. Ces droites sont équidistantes et parallèles de chaque côté de l'horizontale de construction HH ; elles sont donc elles-mêmes horizontales, et ce sont les *horizontales du cadre.*

5° Sur les verticales du cadre MN, RS, pointons, à partir de chaque horizontale du cadre et en dehors de celui-ci, trois divisions en dessus et trois divisions en dessous, de chacune 2 millimètres (au tableau 1 centimètre, par exagération), et par ces points, deux à deux, menons des parallèles aux horizontales du cadre. Ces lignes servent à déterminer la hauteur des écritures extérieures du cadre, qui doivent être l'imitation de celles du modèle, le nom de l'élève devant remplacer celui de l'auteur.

24. Résumons cette construction du cadre en changeant un peu la marche des opérations, de telle sorte que l'on ne quitte le compas pour prendre la règle qu'après avoir tracé tous les arcs. (Les mesures données sont des millimètres, que nous désignons par ᵐᵐ.) Toutefois, pour la construction du cadre, nous comptons ici par centimètres, afin d'être plus facilement compris par les élèves.

1° De chaque sommet A, B, C, D, des angles de la feuille de papier, et d'un rayon un peu plus grand que sa demi-largeur (14ᶜ), décrivons l'un des arcs *a, b, c, d.* de manière à obtenir les intersections E, F ;

2° De chacun des points d'intersection E, F et d'un rayon un peu plus grand que leur demi-distance (11ᶜ), décrivons deux arcs, l'un à droite, l'autre à gauche, de manière à obtenir les intersections G, J ;

3° Du point d'intersection E, et d'un rayon de 10ᶜ, décrivons deux arcs *mn,* l'un à droite, l'autre à gauche ;

4° Du point d'intersection F et d'un même rayon de 10ᶜ, décrivons deux arcs *ox,* l'un à droite, l'autre à gauche ;

5° Par les points d'intersection E, F, traçons la verticale de construction, et de chaque côté de cette droite menons une verticale du cadre tangente à un arc *mn* et à un arc *ox* ;

6° Par les points d'intersection G, J, menons l'horizontale de construction ;

7° Plaçons la règle divisée le long de la verticale de gauche, le 0 correspondant à l'intersection de l'horizontale de construction avec cette verticale, et pointons sur cette verticale, de chaque côté de l'intersection, les mesures 13ᶜ, 132, 134, 136ᵐᵐ;

8° Agissons de même pour la verticale de droite;

9° Joignons les points correspondants, deux à deux, par des horizontales.

25. La verticale et l'horizontale de construction du cadre divisent son intérieur en quatre compartiments égaux; dans chacun de ces compartiments est tracé, en lignes ponctuées, un petit cadre de 10ᶜ sur 8ᶜ, destiné à recevoir une figure, plus deux horizontales destinées à recevoir l'énoncé de chaque figure.

26. Pour les démonstrations au tableau, il suffira de ne tracer qu'un des quatre petits cadres, dits *cadres de disposition*, en lui donnant des dimensions décuples, soit 1ᵐ,00 sur 0ᵐ,80; pour le tracé des figures, on prendra 1 centimètre au tableau pour 1 millimètre du modèle. De cette manière, les opérations au tableau seront visibles pour toute la classe, et chaque élève les retrouvera facilement sur son modèle. Afin d'éviter toute perte de temps, les quatre points déterminant les quatre angles du cadre de disposition pourront être tracés à poste fixe sur le tableau.

Dispositions intérieures du cadre.

27. Les opérations qui suivent sont destinées à faciliter la disposition des figures dans le cadre, ainsi qu'à déterminer l'emplacement des écritures intérieures.

Opération. 1° Plaçons le côté divisé de la règle le long de l'horizontale inférieure du cadre, le 0 au point V, et pointons sur cette horizontale les mesures inscrites de chaque côté du 0 : 10,90, 100ᵐᵐ (au tableau : 3,27, 30ᶜ); la dernière de ces mesures de chaque côté doit coïncider avec la verticale du cadre; — pointons les mêmes divisions sur l'horizontale supérieure, et joignons les points de division correspondants par des droites qui sont nécessairement parallèles

1.

à la verticale de construction du cadre, et par conséquent verticales elles-mêmes.

2° Plaçons le côté divisé de la règle le long de la verticale de gauche du cadre, le 0 au point H, et pointons les divisions inscrites, soit, en remontant : 10, 110, 118 1/2, 120, 130ᵐᵐ (au tableau : 3, 33, 35, 36, 39ᶜ); en descendant : 10, 11 1/2, 20, 120, 130ᵐᵐ (au tableau : 3, 4, 6, 36, 39ᶜ); la dernière de ces mesures vérifie l'exactitude des horizontales du cadre; — pointons les mêmes divisions sur la verticale de droite, et joignons les points correspondants par des droites qui sont nécessairement parallèles à l'horizontale de construction du cadre, et par conséquent horizontales elles-mêmes. — Nous ne répétons pas ici les cotes données pour les écritures extérieures, 132, 134, 136, afin de laisser mieux ressortir celles du cadre; il faudra les ajouter à l'avenir.

28. Les horizontales menées par les divisions 118 1/2 et 120 en montant, 10 et 11 1/2 en descendant, déterminent hauteur du corps d'écriture des énoncés. La distance de 1ᵐᵐ 1/2 entre ces horizontales est traduite au tableau par 1 cent. au lieu de 4ᵐᵐ 1/2, distance trop minime pour être appréciable au tableau.— Les autres horizontales et les verticales forment quatre petits cadres intérieurs *osvx*, que nous nommons *cadres de disposition*, destinés à renfermer chacun une figure, deux par exception. — Toutes ces droites de disposition, indiquées en lignes ponctuées, ne doivent être tracées qu'au crayon.

29. Voyons maintenant comment les horizontales et les verticales de ces petits cadres intérieurs ou de disposition servent à déterminer l'emplacement des lignes ou des points donnés.

1° Lorsqu'une horizontale est donnée, sa distance est indiquée à partir de l'horizontale *os* du petit cadre intérieur : soit par deux nombres égaux placés l'un le long de la verticale *ox*, l'autre le long de la verticale *sv*; c'est ainsi qu'est déterminé l'emplacement de l'horizontale AB (*pl. 2, fig. 1*), qui est donnée à 30ᵐᵐ de l'horizontale *os* du cadre: soit, par un seul de ces nombres placé le long de la verticale *ox*, comme le nombre 10 (*pl. 2, fig. 4*) qui est coté le long de *ox*, mais qui doit être également pris sur *sv*, à partir de *s*, sans qu'il soit besoin de l'indiquer.

2° Lorsque c'est une verticale qui est donnée, sa distance est indiquée, à partir de la verticale ox : soit par deux nombres placés le long des horizontales; c'est ainsi qu'est déterminée la verticale AB (*pl.* 2, *fig.* 2) par les deux nombres 30^{mm} pris, l'un à partir de o, l'autre à partir de x; soit par un seul nombre placé le long de os, mais qui doit être également pris sur xv, à partir de x, sans qu'il soit besoin de l'indiquer.

Observations. Ces mesures sont toujours prises à partir du point o, soit sur l'horizontale os, soit sur la verticale ox : 1° parce que ces deux droites étant plus rapprochées de l'horizontale et de la verticale de construction, sont par cela même moins assujetties à erreurs; 2° parce qu'il faut une manière uniforme de procéder.

Il est facile, d'après ces deux exemples, de comprendre comment sont prises toutes les autres mesures. Ainsi, lorsqu'une droite donnée ne sera cotée qu'à l'une de ses extrémités, c'est qu'elle sera horizontale ou verticale; les obliques ont besoin de deux cotes pour être déterminées.

PLANCHE 2.

Tracés des perpendiculaires.

30. Figure 1. — *Mener une perpendiculaire passant par le milieu d'une droite donnée, ou diviser une droite en deux parties égales.*

La droite AB étant donnée comme parallèle à 40^{mm} de l'horizontale os du cadre de disposition, marquons d'abord les points extrêmes A, B sur les verticales ox, sv, à 40^{mm} des points o, s; puis procédons aux opérations géométriques.

Opération. — 1er cas. Si l'on peut opérer des deux côtés de la droite donnée : 1° d'un rayon arbitraire, un peu plus grand que la moitié de la longueur de AB, soit 50^{mm}, et de chacun des points A, B pris successivement pour centre, décrivons l'un des arcs mn, qui se coupent en a et en c; — 2° par les points d'intersection a, c, menons la droite CD qui est la perpendiculaire demandée.

2ᵉ *cas.* Si l'on ne peut opérer que d'un seul côté de la droite donnée, soit en dessus : 1° obtenons l'intersection *c* comme dans le premier cas ; — 2° d'un rayon arbitraire un plus peu grand que B*c*, soit 70ᵐᵐ, et des points A, B, pris successivement pour centres, décrivons deux arcs qui déterminent un nouveau point d'intersection *e* ;—3° par les points d'intersection *e, c,* menons CE qui est la droite demandée.

31. Nous rappellerons ici ce que nous avons dit, n° 1, de la grosseur des lignes : AB est tracée plus grosse que CD, parce qu'elle est donnée. — Nous répéterons également ment ce qui est contenu dans notre introduction, relativement aux dimensions cotées et à celles qu'ont réellement les figures, à savoir que : le modèle ayant été imprimé sur papier mouillé, celui-ci se contracte, se rapetisse en séchant et, par suite, toutes les dimensions des figures sont plus ou moins diminuées, suivant leur plus ou moins de longueur. Ainsi, par exemple, les verticales du cadre ont réellement sur la gravure 26ᶜ de long, tandis que sur notre modèle imprimé elles ont 2 à 3ᵐᵐ de moins.

32. Dans la pratique, on ne mène des arcs *mn* que ce qu'il en faut pour obtenir les intersections *a, c,* comme nous avons fait pour l'intersection *e.* Plus on peut éloigner les deux points d'intersection déterminant une droite, plus on est sûr de la précision de l'opération ; mais ce qu'il faut surtout, c'est que le crayon soit taillé très-fin, de manière que sa pointe passe exactement par les points d'intersection.

33. C'est ici le lieu de compléter la définition des perpendiculaires. — Une droite est perpendiculaire à une autre droite lorsque chacun de ses points est à égale distance de deux points pris sur l'autre droite, à égale distance du point d'intersection. Ainsi, dans l'opération précédente, les points d'intersection *e, c, a* sont chacun à égale distance des points A, B : le point E se trouve aussi à égale distance des points A, B, car par un point on ne peut mener qu'une seule perpendiculaire à une droite, et deux points suffisent pour la déterminer.

34. Figure 2. — *Par un point C donné hors d'une droite donnée AB, mener une perpendiculaire à cette droite.*

La droite AB étant donnée comme parallèle à 30ᵐᵐ de
ox, marquons d'abord ses points extrêmes A, B sur les
horizontales *os*, *xv*, à 30ᵐᵐ des points *o*, *x*. Marquons ensuite le point donné C sur la verticale *sv*, à 50ᵐᵐ du
point *s*.

Opération. — 1ᵉʳ *Procédé.* 1° Du point C et d'un rayon arbitraire, 65ᵐᵐ, un peu plus grand que la distance qui, à vue
d'œil, existe entre le point C et le point le plus rapproché de
la droite AB, décrivons un arc coupant AB en *a* et en *c*; — 2° d'un
rayon arbitraire, 48ᵐᵐ, un peu plus grand que la demi-distance qui sépare les intersections *a*, *c*, décrivons deux arcs de
chacun de ces points, de manière à obtenir les deux intersections *m*, *n*; une seule, *m*, suffit pour déterminer la droite CD,
mais les deux donnent plus de certitude à l'opération, qui
sera reconnue fautive si la droite demandée ne passe pas
par les trois points *m, n, C*.

2ᵉ *Procédé.* Étant donnés la droite CD et le point E situé
sur l'horizontale *os*, à 65ᵐᵐ du point *o* : 1° du point C et
d'un rayon CE, décrivons un arc en F ; — 2° du point D et
d'un rayon DE, décrivons un second arc en F qui détermine
ce point par son intersection avec le premier arc; — 3° menons EF, qui est la perpendiculaire demandée.

Observations. On emploie le premier procédé lorsque la
droite AB est trop longue pour qu'on puisse opérer de ses
extrémités, ou lorsque l'une de ses extrémités n'est pas li-
mitée. Le second cas s'emploie plus généralement comme
étant plus rapide, à moins que l'on n'apprécie à vue d'œil
que l'une des extrémités, soit D, sera trop éloignée, et
l'autre C trop rapprochée du point d'intersection G, pour que
les intersections soient convenablement indiquées.

35. Figure 3. — *Mener une perpendiculaire par l'extrémité
d'une droite qui ne peut être prolongée.*

Soit l'horizontale AB donnée à 30ᵐᵐ de l'horizontale *os*,
son extrémité A étant à 65ᵐᵐ de B.

Opération. 1° Prenons un point *a* à une distance arbitraire
mais rapprochée de l'extrémité B, soit 10ᵐᵐ; — 2° d'un rayon
arbitraire ayant un peu moins que *a*A, soit 42ᵐᵐ, et des

points *a*, A, pris alternativement pour centres, décrivons deux arcs qui donnent l'intersection *c*; — 3° du point *c*, et du même rayon, décrivons un arc un peu plus grand qu'une demi circonférence et qui passe nécessairement par les points *a*, A : — 4° du point *a* menons une droite passant par le point *c* et rencontrant l'arc *a*A*m* en un point *m*; ce point d'intersection *m* détermine la droite CD qui est la perpendiculaire demandée.

Observation. Nous avons dit que le rayon qui détermine le centre *c* du grand arc doit être un peu plus petit, soit environ d'un cinquième que la distance A*a*. Il pourrait être plus grand ou plus petit; mais dans le premier cas l'intersection *m* se trouverait trop éloignée du point A, et dans le second elle pourrait en être trop rapprochée.

36. Figure 4. — *Élever une perpendiculaire d'un point donné C d'une droite AB, sur laquelle on ne peut opérer que d'un côté.*

Soit l'horizontale AB donnée à 10ᵐᵐ de l'horizontale *os*; soit le point C donné sur AB à 20ᵐᵐ de son extrémité A; et soit la partie CB de AB sur laquelle on peut opérer.

Opération. 1° D'un rayon arbitraire, soit 42ᵐᵐ, et du point C comme centre, décrivons l'arc *ma*; — 2° du même rayon et du point *m*, décrivons l'arc C*a*; — 3° du point d'intersection *a* de ces deux arcs, et du même rayon, décrivons un arc en *n*; — 4° par les points *m*, *a*, menons une droite qui coupe le troisième arc en *n* : l'intersection *n* détermine la droite CD qui est la perpendiculaire demandée.

Observations. Nous ferons remarquer que cette opération est à peu de chose près la même que la précédente; elle confirme ce que nous avons dit en parlant du rayon qui détermine le centre du grand arc. En effet, dans cette seconde opération, le rayon est égal à la partie C*m* de l'horizontale sur laquelle on opère, et l'on voit de suite quelle différence il y a entre la longueur de C*m* et celle de C*n*, tandis que dans la précédente opération les droites A*a* et A*m* sont approximativement égales.

PLANCHE 3.

Tracés des parallèles.

37. Figure 5. — *Mener à une distance indéterminée une parallèle à une droite donnée* AB.

Opération. 1° Menons AB ; — 2° d'un point O, pris approximativement vers le milieu de la longueur de cette droite, et d'un rayon arbitraire, soit 43^{mm}, décrivons une demi-circonférence qui donne sur AB les deux intersections a, c ; — 3° des points a, c, pris successivement pour centres, et d'un même rayon arbitraire, soit 30^{mm}, décrivons deux arcs qui donnent sur la demi-circonférence les deux intersections e, i ; — 4° par les deux points d'intersection e, i, menons la droite CD qui répond à la demande.

Observations. La droite donnée AB n'a que son extrémité B de déterminée par la cote 25^{mm}, inscrite le long de l'horizontale inférieure du cadre de disposition, parce qu'elle est verticale ; ce qui n'empêche pas qu'il soit besoin de porter cette mesure sur l'horizontale supérieure, ainsi que nous l'avons dit n° 32, et c'est la dernière fois que nous rappelons cette observation. La parallèle demandée est dite indéterminée, parce que rien ne précise la distance à laquelle elle doit être de AB, cas qui se présente fréquemment.

Le point de centre O est pris ici exactement au milieu de AB, pour la disposition symétrique de la figure, mais cela n'est pas indispensable. Dans la pratique, on ne mènerait de la demi-circonférence que deux petits arcs d'une longueur suffisante pour obtenir les intersections a, c, e, i.

38. Figure 6. — *Par un point donné hors d'une droite, mener une parallèle à cette droite.*

Soit AB la droite donnée ; on voit de suite que c'est une oblique ; chacun de ses points extrêmes a donc besoin d'être déterminé, ce qui a lieu au moyen des cotes 30 et 45^{mm} ; l'emplacement du point donné C est déterminé par l'intersection de deux arcs décrits : l'un du point A, d'un rayon de 80^{mm} ; l'autre du point B, d'un rayon de 45^{mm}.

Opération. 1° Menons l'oblique donnée AB ; — 2° déterminons le point donné C ; — 3° du point C et d'un rayon arbitraire, 55ᵐᵐ, décrivons un arc *ca* ; — 4° de l'intersection *c* et du même rayon, décrivons l'arc C*e* ; — 5° prenons sur notre dessin, avec le compas, la distance C*e* ; de cette ouverture de compas prise pour rayon et du point *c* pris pour centre, décrivons un petit arc qui nous donne l'intersection *a* ; — 6° par les points *a*, C, menons la droite ED qui est la parallèle demandée.

39. Figure 7. — *De chaque côté d'une droite donnée, mener des parallèles à des distances déterminées.*

Soit AB la droite donnée, de chaque côté de laquelle on ait à mener deux parallèles, l'une à 15, l'autre à 35ᵐᵐ.

Opération. 1° Traçons la droite donnée AB ; — 2° d'un point O, pris approximativement vers le milieu de la longueur de cette droite, et d'un rayon arbitraire, 40ᵐᵐ, décrivons deux grands arcs, *ac* en dessus, *ei* en dessous ; — 3° de chacun des points d'intersection *m, m* de ces grands arcs avec la droite AB, et d'un rayon arbitraire, 35ᵐᵐ, décrivons deux petits arcs qui donnent sur chaque grand arc deux intersections *n*, l'une à droite, l'autre à gauche de AB ; — 4° par les deux points d'intersection *n, n* d'un même grand arc, menons une droite illimitée CD ; — 5° du point d'intersection *o* de chacune de ces droites CD avec AB et d'un rayon de 15ᵐᵐ, décrivons deux arcs, l'un à droite, l'autre à gauche, qui donnent les intersections *r, r* ; — 6° des mêmes points *o*, et d'un rayon de 35ᵐᵐ, décrivons des arcs analogues pour obtenir les intersections *s, s* ; — 7° par les deux intersections *r, r* d'un même côté, menons une droite EF ; — 8° par les intersections *s, s* d'un même côté, menons une droite GH. Les droites EF, GH sont les parallèles demandées.

40. Figure 8. — *Tracer des courbes parallèles ou arcs de circonférences concentriques, équidistants entre eux.*

Soit à tracer cinq courbes parallèles équidistantes entre elles de 20ᵐᵐ.

Opération. 1° Du point A pris pour centre, menons une droite illimitée AB ; — 2° marquons sur cette droite une première distance de 20^{mm}, puis une seconde, puis une troisième, etc.; — 3º plaçons la pointe sèche du compas au point de centre A, et ouvrons le compas de telle sorte que la pointe traçante tombe juste sur la première distance, et faisons pivoter la pointe sèche; l'autre pointe tracera le premier arc; — 4º laissons la pointe sèche au point A, et faisons tomber l'autre à la seconde division, etc.

Observations. La dénomination de courbes parallèles n'est pas usitée en mathématiques; lorsque l'on s'en sert en dessin, elle ne peut désigner que des arcs ou parties de circonférences concentriques; car, pour qu'elle soit vraie, il faut que toute droite autre que AB, partant du centre A, soit AK, se trouve coupée par les courbes, en parties égales entre elles et à celles de AB, ce qui n'a lieu dans aucun autre cas, et ce que nous vérifierons plus tard. Pour corroborer cette dénomination de courbes parallèles, adaptons à une règle plusieurs pointes dont celle d'une extrémité pivote constamment sur elle-même en un même point; on pourra tourner indéfiniment sans jamais parvenir à faire se rencontrer deux des courbes décrites par les autres pointes.

PLANCHE 4.

Généralités sur la circonférence.

41. Définitions. Nous avons dit, dans les notions préliminaires (nº 15), ce que c'est qu'une circonférence, un arc, une corde; il nous reste à faire connaître : 1º les différents noms que prend la ligne droite dans ses rapports avec la circonférence; 2º les différents noms que prennent les circonférences d'après leurs relations entre elles. Le tracé des figures de cette planche ne présente aucune difficulté; nous n'avons donc à nous occuper que des définitions.

42. Les différents noms attribués à la ligne droite dans ses rapports avec la circonférence sont ceux de : diamètre, rayon, corde, flèche, sécante, tangente.

43. Figure 9. — Le *diamètre*, AB, est une droite qui passe par le centre O, et dont les extrémités sont deux points A et B de la circonférence.

Tous les diamètres d'une même circonférence sont égaux entre eux ; le nombre en est illimité, car, par deux points quelconques de la circonférence situés en ligne droite avec le centre, on peut toujours mener un diamètre. — La dimension ou la mesure d'une circonférence n'est autre chose que la longueur qu'occuperait cette courbe si elle était développée en ligne droite ; on l'évalue d'après la longueur du diamètre ; cette évaluation s'effectue pratiquement en multipliant le diamètre par 22 et en divisant le produit par 7. Ainsi, le diamètre de la circonférence (*fig.* 9) ayant 60^{mm}, le produit par 22 donne 1320, et la division de ce produit par 7 donne un peu plus de 188^{mm}, mesure approximative de la circonférence.

Le *rayon*, OC, a l'une de ses extrémités au centre et l'autre à la circonférence ; c'est un demi-diamètre.

Une *corde*, DE, est une droite dont les deux extrémités D,E sont deux points de la circonférence. L'arc ou partie de circonférence DcE, qu'elle limite ou sépare du reste de la circonférence, est dit *sous-tendu* par cette corde.—Nous ferons remarquer qu'une même corde sous-tend à la fois deux arcs, l'un DcE plus petit, et l'autre DbC plus grand qu'une demi-circonférence. Quand on parle de l'arc sous-tendu par une corde, il s'agit généralement du plus petit.

Une *flèche*, ac, est une droite perpendiculaire au milieu d'une corde ; l'une de ses extrémités *a* est un point de la corde, l'autre c, un point de la circonférence ; c'est une partie de rayon.

Une *sécante*, FG, est une droite qui coupe la circonférence, soit en un seul point e, si l'une de ses extrémités F étant en dehors de la circonférence, l'autre est située à l'intérieur de la circonférence, comme en i, par exemple ; soit en deux points e, m, si ses deux extrémités F, G sont en dehors de la circonférence.

Une *tangente*, HI, est une droite qui ne fait que toucher la circonférence en un seul point b, appelé *point de contact* ou point de tangence. La tangente est perpendiculaire au rayon qui passe par le point de contact. Pour mener la tangente HI, nous aurons recours au procédé indiqué n° 36.

44. Les différents noms que prennent les circonférences, d'après leurs relations entre elles, sont ceux de sécantes, tangentes, concentriques, excentriques.

Figure 10. — Deux circonférences sont *sécantes* lorsqu'elles se coupent en deux points A, B ou C, D.

Deux circonférences sont *tangentes* lorsqu'elles se touchent en un point, comme en E, ou F, ou G. — Trois circonférences peuvent être tangentes deux à deux extérieurement ou intérieurement : le point de tangence se trouve toujours sur la droite qui passe par les deux centres.

Figure 11. — Deux circonférences sont *concentriques* lorsqu'elles ont un centre commun et des rayons différents.

Le nombre des circonférences concentriques pouvant être décrites d'un même centre est illimité.

Figure 12. — Deux circonférences sont *excentriques* lorsqu'elles sont décrites de centres différents O, *a, c, e,* de telle sorte qu'elles ne soient ni tangentes ni sécantes.

PLANCHE 5.

Angles.

45. Définitions. Nous avons vu, nᵒˢ 22 et 23, ce que c'est qu'un angle. Les angles prennent différents noms : d'après la nature de leurs côtés, d'après leurs dimensions, d'après leurs positions respectives.

46. D'après la NATURE DE SES CÔTÉS, un angle est dit :
Rectiligne, quand il est formé par deux droites;
Curviligne, lorsqu'il est formé par deux courbes ;
Mixtiligne, s'il est formé par le concours d'une droite et d'une courbe. Nous ne nous occuperons dans ce cours que des angles rectilignes.

47. Figure 13. — D'après ses DIMENSIONS un angle est :
Droit (ABC), lorsque ses deux côtés sont perpendiculaires entre eux ;
Aigu (DEF), lorsqu'il est plus petit qu'un droit ;
Obtus (GIII), s'il est plus grand qu'un droit.

48. La dimension d'un angle ne dépend nullement de la longueur de ses côtés, mais bien de leur plus ou moins d'écartement. Pour nous bien rendre compte de ce fait, prenons un compas fermé et ouvrons-le progressivement; les deux branches, considérées comme côtés, formeront en s'écartant des angles de plus en plus grands. Ces angles seront aigus jusqu'à ce que les deux branches soient perpendiculaires entre elles, moment auquel elles formeront un angle droit; en continuant à ouvrir de plus en plus le compas, les angles seront obtus. (Pour la mesure des angles, voir nᵒˢ 153 et suivants.)

49. D'après leurs POSITIONS RESPECTIVES les angles sont désignés par différents noms, dont les seuls utiles à connaître pour nous sont ceux d'adjacents, de supplémentaires, d'opposés au sommet.

50. Deux angles MOD, DON (*fig.* 13) sont *adjacents* quand ils ont le même sommet O et un côté commun DO. Nous verrons plus loin (nᵒ 76) que le nom d'adjacents est donné à deux angles dans un autre cas.

51. Lorsque deux angles sont formés par la rencontre de deux droites : 1ᵒ si ces droites sont perpendiculaires, les deux angles seront droits; 2ᵒ si elles sont obliques entre elles, l'un des angles sera obtus et l'autre aigu, mais la somme ou la valeur de ces deux angles sera toujours égale à deux angles droits, et ils seront dits *supplémentaires* l'un de l'autre.

52. Deux angles sont *opposés au sommet* quand les côtés de l'un sont le prolongement de ceux de l'autre; ainsi, les angles MOD, NOE (*fig.* 13) sont opposés au sommet; il en est de même des angles DON, MOE. La construction des angles de la figure 13 est déterminée par les mesures cotées, et ne présente par conséquent aucune difficulté.

53. Deux angles sont égaux : 1ᵒ quand ils sont opposés au sommet; 2ᵒ quand ils interceptent entre leurs côtés des arcs égaux décrits d'un même rayon et de leur sommet comme centre.

54. Figure 14. — 1ᵒ *Construire un angle égal à l'angle donné* ABC.
Étant donné : le rayon de l'arc intercepté entre les côtés, 35 ᵐᵐ, et la corde de cet arc de 32ᵐᵐ.

Opération. 1° Menons le côté déterminé AB ; — 2° du point B comme centre et du rayon donné, 35^{mm}, décrivons un arc *ac* ; — 3° du point *a* comme centre et d'un rayon de 32^{mm} donné pour longueur de la corde, décrivons un arc qui nous donne l'intersection *c* ; — 4° par le point B et l'intersection *c* menons la droite BC qui est le second côté de l'angle.

Observation. Nous avons agi comme ayant le rayon et la corde de l'arc *ac* donnés ; s'ils n'existaient pas sur la figure à reproduire, on les lui ajouterait avec des dimensions indéterminées, mais qu'il faudrait conserver identiques pour la reproduction. Cette observation s'applique à toutes les constructions analogues. Construisons de même l'angle DEF (*fig.* 14 *bis*).

55. Figure 14. — 2° *Construire un angle égal aux deux angles donnés* B, E.

Opération. 1° Construisons les deux angles donnés, ABC, DEF, ainsi qu'il vient d'être dit pour l'angle A, en ayant soin de tracer l'arc *ei* du même rayon que l'arc *ac* ; — 2° menons une droite indéterminée GH (*fig.* 14 *ter*) ; — 3° de l'une de ses extrémités H et d'un rayon de 35^{mm}, égal à celui des arcs *ac*, *ei*, décrivons un arc *mon* ; — 4° du point *m* et d'un rayon de 32^{mm}, égal à la corde *ac* de l'angle A, obtenons l'intersection *o* sur l'arc *mn* ; — 5° par les points Ho menons la droite HI qui est le second côté de l'angle GHI égal à l'angle A ; — 6° du point *o* et d'un rayon de 38^{mm} égal à la corde *ei* de l'angle E, obtenons sur l'arc *on* l'intersection *r* ; — 7° par les points H, *r*, menons la droite HJ, qui est le second côté de l'angle IHJ égal à l'angle B. L'angle GHJ est égal à la somme des deux angles B, E.

Observations. Nous ferons remarquer que nous désignons les angles donnés, chacun par une seule lettre, parce qu'il ne peut y avoir confusion, tandis que nous sommes obligés de désigner les angles GHI, IHJ, GHJ chacun par trois lettres. — Si le côté GH était prolongé en K, la somme des trois angles GHI, IHJ, JHK serait égale à deux angles droits.

56. Figure 15. — *Diviser un angle droit en trois parties égales, opération que l'on nomme trisection de l'angle droit.*

Opération. 1° Traçons l'angle droit ABC donné ; — 2° du sommet B et d'un rayon arbitraire, 70ᵐᵐ, décrivons un arc *ac* ; — 3° du point *a* et du même rayon, obtenons l'intersection *i* ; — 4° du point *c* et du même rayon, obtenons l'intersection *e* ; — 5° par les points B, *e*, menons BD ; par les points B, *i*, menons BE. Les trois angles ABD, DBE, EBC sont égaux, et l'angle ABC est ainsi divisé en trois parties égales.

57. Figure 16. — *Diviser un angle quelconque ABC en deux parties égales.*

Opération. 1° Traçons l'angle donné ABC ; — 2° du sommet A, et d'un rayon arbitraire, 60ᵐᵐ, décrivons un arc *ac* ; — 3° des points *a*, *c*, et d'un rayon plus grand que la distance qui les sépare (soit le même que le précédent), décrivons deux arcs qui donnent l'intersection *e* ; — 4° par les points B, *e*, menons BD. Les deux angles ABD, DBC sont égaux, et par conséquent l'angle ABC est divisé suivant la demande.

Observation. Cette opération porte le nom de *bissection* d'un angle, et la droite BD, à l'aide de laquelle on l'effectue, se nomme *bissectrice.*

PLANCHE 6.

Division des droites.

58. Figure 17. — *Diviser une droite donnée AB en un nombre quelconque de parties égales, soit en 7.*

Opération. 1° Menons la droite donnée AB ; — 2° menons la droite A*a* formant avec AB un angle aigu quelconque ; — 3° menons B*b* parallèle à A*a* ; — 4° sur la droite A*a* portons, à partir de A, sept divisions égales entre elles, et équivalentes, à vue d'œil, à la septième partie de A B, soit de 15ᵐᵐ ; — 5° portons les mêmes divisions sur B*b* à partir de B ; — 6° joignons ces divisions deux à deux, la première de A avec la dernière de B, et ainsi de suite, par des droites *ci*, dont les intersections avec A B divisent cette dernière en parties égales.

59. Pour opérer à l'équerre : 1° menons une seule des droites de construction, soit A *a* ; — 2° divisons cette droite comme ci-dessus, mais avec une division o en plus ; — 3° joi-

gnons la dernière division *o* avec le point **B**, par la droite *o***B** ;
— 4° par chacun des autres points de division, menons des parallèles à *o***B**. Les intersections de ces parallèles avec **A B** divisent cette droite en parties égales.

Pour mener des parallèles au moyen de l'équerre, soit à une droite *o***A** : 1° plaçons la règle à gauche de la droite **A***a* ;— 2° plaçons l'un des côtés de l'équerre le long de la règle, de telle sorte que l'un des autres côtés coïncide avec la droite *o***B** ;—3° faisons glisser l'équerre, le long de la règle maintenue immobile, et menons une droite chaque fois que le bord de l'équerre rencontre l'un des points *e*. Nous donnerons plus loin de plus grands détails sur l'usage de l'équerre.

60. Figure 18. — *Diviser une droite donnée en moyenne et extrême raison.* (Pour la définition, voir n° 151.)

Soit à diviser la droite donnée **AB** en moyenne et extrême raison, c'est-à-dire, à la partager en deux parties inégales dont la plus petite sera à la plus grande comme la plus grande sera à la ligne entière.

Opération. 1° A l'une des extrémités **A** de la droite donnée, menons une perpendiculaire **A***d* égale à **A***o* moitié de **AB** ; —2° joignons *d*, **B** par une droite ;—3° d'un rayon *d***A** décrivons l'arc **A***a* qui donne l'intersection *b* ;— 4° d'un rayon **B***b*, décrivons l'arc *c***C**. La longueur de **AC** est à celle de **CB** comme la longueur de **CB** est à celle de la ligne entière **AB**.

61. Figure 19. — *Diviser une droite en parties proportionnelles à des droites ou à des nombres donnés.*

Soit la droite donnée, **AB**, à partager en trois parties qui seront entre elles comme sont entre elles les droites données **C, D, E**, ou leurs longueurs 40, 35, 30^{mm}.

Opération. 1° Par l'une des extrémités **A** menons une droite **A***a*, formant un angle aigu quelconque avec **AB** ; — 2° portons la longueur de la droite **C**, de **A** en *c*; celle de **D**, de *c* en *d* ; celle de **E**, de *d* en *e* ; — 3° joignons *e*, **B**, et par les points *d*, *c*, menons les droites *d**n*, *d**m*, parallèles à *e***B**.

62. Figure 20. — *Trouver une moyenne proportionnelle à deux droites données.*

Soient les droites **A, B** auxquelles on veut trouver une moyenne proportionnelle, c'est-à-dire, une troisième ligne dont le produit de la longueur multipliée par elle-même sera égal au produit des longueurs des deux droites données.

Opération. 1° Sur une droite quelconque CD, portons la longueur Cm égale à celle de la droite B, puis la longueur mD égale à celle de la droite A ; — 2° au point m élevons une perpendiculaire mn ; — 3° du point o, milieu de CD et d'un rayon Co, décrivons une demi-circonférence qui coupe en r la droite mn. La droite mr est moyenne proportionnelle entre Cm qui représente la droite B, et mD qui représente la droite A.

Surfaces.

63. Définitions. On nomme surface tout objet dont on ne considère que deux dimensions, la *longueur* ou hauteur et la *largeur*, sans tenir aucun compte de son épaisseur. Lorsque l'on veut exécuter un dessin sur une feuille de papier, on ne s'occupe pas de l'épaisseur de celle-ci, mais bien de sa hauteur et de sa largeur, afin de savoir si elle est assez grande pour contenir le dessin. On donne le nom de *périmètre* ou *contour* à la ligne ou à l'ensemble des lignes qui limitent une surface.

64. D'après sa *forme superficielle*, une surface est plane ou courbe.

65. Une surface est *plane*, lorsque l'on peut appliquer dessus et en tous sens une règle bien droite, de telle sorte qu'elle lui soit tangente dans toute sa longueur. La surface de l'eau tranquille ou dormante est une surface plane, ainsi que le dessus d'un marbre de commode, etc.

66. Une surface est *courbe*, lorsqu'une règle ne peut lui être tangente qu'en un ou deux points non consécutifs, dans un ou dans tous les sens ; — *courbe convexe*, lorsqu'elle est bombée et qu'une règle ne peut lui être tangente qu'en un point, comme la surface extérieure d'un dôme ; — *concave*, lorsqu'elle est creuse, et qu'une règle peut lui être tangente en deux points non consécutifs, comme l'intérieur d'un dôme ; — *régulière*, lorsque ses points sont tous à égale distance d'un même point central, comme la surface d'une bille de billard ;

— *gauche*, lorsqu'elle est courbe tantôt dans un sens, tantôt dans un autre ; — *hélicoïde*, lorsque sa courbure est soumise au pas de l'hélice (*fig.* 94).

67. D'après son *périmètre*, une surface est dite rectiligne, mixtiligne ou curviligne.

68. Une surface est *rectiligne*, lorsque son périmètre n'est formé que de lignes droites.

69. Une surface est *curviligne*, lorsque son périmètre est formé par une seule ou par plusieurs lignes courbes.

70. Une surface est *mixtiligne*, lorsque son périmètre est composé de lignes droites et de lignes courbes.

71. D'après leur *superficie* et leur *périmètre*, deux surfaces sont semblables, équivalentes, égales ou symétriques.

72. Deux surfaces sont *semblables*, lorsqu'elles ont la même forme sans avoir les mêmes dimensions, la même étendue, la même superficie ; un carré, quelque petit qu'il soit, est toujours semblable à un autre carré, quelque grand que soit ce dernier.

73. Deux surfaces sont *équivalentes*, lorsqu'elles ont la même superficie sans avoir la même forme. Un carré est équivalent à un cercle s'ils ont tous deux la même surface.

74. Deux surfaces sont *égales*, lorsqu'elles ont même forme et même superficie. Deux cercles d'un même rayon sont égaux, de même que deux carrés ayant les côtés de même longueur.

75. Deux surfaces sont *symétriques*, lorsque leurs superficies sont égales et que leurs périmètres sont semblables, mais en sens inverse. Une même surface peut être symétrique si, en la repliant suivant une ligne droite médiane ou ligne d'axe, les deux demi-périmètres coïncident exactement.

76. **Polygones.** On donne le nom de polygone à toute surface dont le périmètre est composé de lignes ou côtés

formant des angles en même nombre qu'eux. — On nomme *diagonale* toute droite menée dans un polygone par les sommets de deux angles n'ayant pas de côté commun. — Un angle intérieur d'un polygone est dit *saillant* lorsqu'il est plus petit que deux angles droits ; *rentrant*, lorsqu'il est plus grand. — Deux angles d'un polygone sont dits *adjacents*, lorsqu'un même côté concourt à leur formation.

77. Un polygone est rectiligne, curviligne ou mixtiligne, suivant la nature de ses côtés ; mais ce nom s'entend plus généralement des surfaces planes rectilignes, et c'est de celles-là seules que nous aurons à nous occuper.

78. Les différents polygones se désignent par des noms exprimant le nombre de leurs angles ou de leurs côtés, ce qui revient au même, savoir :

Triangle, 3 angles.	*Ennéagone*, 9 angles.
Quadrilatère, 4 côtés.	*Décagone*, 10 angles.
Pentagone, 5 angles.	*Endécagone*, 11 angles.
Hexagone, 6 angles.	*Dodécagone*, 12 angles.
Heptagone, 7 angles.	*Pentadécagone*, 15 angles.
Octogone, 8 angles.	

79. Les autres polygones n'ont pas de nom particulier ; on dit : polygone de 13, de 14, etc., côtés. Dans les noms ci-dessus, un seul (*quadrilatère*) exprime le nombre des côtés ; les autres expriment le nombre des angles ; aussi, pour faire disparaître cette exception, lui a-t-on donné le nom de *tétragone*.

80. Par rapport à son ensemble, un polygone est dit équilatéral, équiangle, régulier, symétrique ou irrégulier.

81. Un polygone est *équilatéral*, lorsque tous ses côtés sont égaux entre eux.

82. Un polygone est *équiangle*, lorsque tous ses angles sont égaux.

83. Un polygone est *régulier*, lorsque ses angles sont égaux et que ses côtés sont égaux entre eux.

2.

84. Un polygone est *symétrique*, lorsqu'il est composé de parties égales, mais disposées en sens inverse.

85. Un polygne est *irrégulier*, lorsqu'il ne remplit aucune des conditions précédentes.

86. En dehors de ces dénominations, les triangles et les quadrilatères sont les seuls polygones auxquels on attribue des noms supplémentaires pour désigner leurs différentes variétés de formes, les dimensions de leurs angles et les rapports de leurs côtés.

87. Dans ses rapports avec la circonférence, un polygone est dit *inscrit*, lorsque les sommets de tous ses angles sont situés sur la circonférence ; *circonscrit,* lorsqu'il entoure une circonférence à laquelle tous ses côtés sont tangents. Un polygone régulier peut toujours être inscrit ou circonscrit; un polygone irrégulier n'est l'un ou l'autre que fortuitement.

88. On désigne par *côtés homologues :* dans deux triangles semblables, les côtés opposés aux angles égaux; dans deux polygones semblables, les côtés concourant à la formation des angles égaux, et semblablement disposés entre eux.

89. La somme des angles d'un polygone rectiligne quelconque est égale à autant de fois deux angles droits qu'il a de côtés moins deux. Ainsi la somme des angles : d'un triangle est égale à 2 droits; d'un quadrilatère, à 4 droits; d'un pentagone, à 6 droits ; d'un hexagone, à 8 droits, etc.

PLANCHES 7, 8, 9.

Triangles.

90. **Définitions.** Un *triangle* est un polygone à trois angles et à trois côtés. Un *côté* est dit *opposé à un angle* lorsqu'il ne concourt pas à sa formation, et deux de ses angles sont dits *adjacents*, ainsi que nous l'avons dit n° 76, lorsqu'un même côté entre dans leur composition.

91. On nomme *sommet* d'un triangle, le sommet de l'un des angles opposé à l'un des côtés choisi pour *base*, et *hauteur*, la perpendiculaire abaissée du sommet sur la base. Ainsi, dans la figure 21, le côté AB étant choisi pour base, le sommet sera en C et la hauteur sera la perpendiculaire Cc. On nomme *médiane* la droite menée du sommet sur le milieu de la base.

92. Les triangles prennent différents noms d'après la dimension de leurs angles et d'après les rapports de leurs côtés entre eux.

93. D'après les *dimensions des angles*, un triangle est dit :
Équiangle (*fig.* 21), quand ses trois angles sont égaux ;
Acutangle (*fig.* 21, 22, 23), quand ses trois angles sont aigus ;
Rectangle (*fig.* 24, 25), quand il a un angle droit ;
Obtusangle (*fig.* 26, 27), quand un de ses angles est obtus. — Un triangle ne peut avoir qu'un seul angle droit ou obtus.

94. La somme des trois angles d'un triangle est égale à deux angles droits. Il résulte de cette vérité que : 1° si l'un des angles d'un triangle est droit ou obtus, les deux autres sont nécessairement aigus ; — 2° si l'on connaît la valeur de deux des angles, on trouve facilement celle du troisième. — Graphiquement, voici comment on opère : 1° construisons, comme à la figure 44 *ter* (n° 55), deux angles adjacents GHI, IHJ, égaux chacun à l'un des deux angles connus ; — 2° prolongeons l'un des côtés non commun aux deux angles, soit GH prolongé en K ; l'angle JHK est le troisième angle du triangle.

95. D'après les *rapports des côtés* entre eux, un triangle est dit :
Équilatéral (*fig.* 21), quand ses trois côtés sont égaux entre eux ;
Isocèle (*fig.* 22, 24, 26), quand deux côtés sont égaux entre eux ;
Scalène (*fig.* 23, 25, 27), quand les trois côtés sont inégaux.

96. Propriétés. Dans tout triangle :

1º Les angles opposés aux côtés égaux sont égaux, et réciproquement ;

2º Un plus grand angle est opposé à un plus grand côté ;

3º Le triangle équilatéral est par conséquent équiangle et réciproquement ; c'est le triangle régulier ;

4º Le triangle isocèle a deux côtés égaux ; il peut être acutangle, rectangle ou obtusangle. — S'il est rectangle, chacun des angles opposé à l'un des côtés égaux équivaut à la moitié d'un angle droit ;

5º Le triangle scalène a ses trois côtés inégaux ; il peut être acutangle, rectangle ou obtusangle.

97. Dans tout triangle rectangle ABC (*fig.* 24), on nomme *hypoténuse* le côté opposé à l'angle droit. — Le produit de la longueur de l'hypoténuse multipliée par elle-même est égal à la somme des produits des deux autres côtés multipliés chacun par lui-même. Cette propriété, connue sous le nom de *carré de l'hypoténuse,* offre de nombreux *corollaires* (propriétés découlant immédiatement d'une autre propriété) qui permettent de trouver par le calcul la longueur inconnue de l'un des côtés, lorsque l'on connaît celle de chacun des deux autres.

98. Dans tout triangle rectangle, la médiane B*a* (*fig.* 24) ou D*d* (*fig.* 25), menée du sommet de l'angle droit sur l'hypoténuse, est égale à la moitié de cette droite.

99. Quand on parle de la hauteur d'un triangle sans autre désignation, on entend généralement : soit, dans un triangle quelconque (*fig.* 22), la perpendiculaire *a*C à l'un des côtés AB qui est horizontal, menée de l'angle qui lui est opposé : soit, dans un triangle rectangle (*fig.* 24), la perpendiculaire B*a*, menée de l'angle droit sur l'hypoténuse ; soit enfin, dans un triangle isocèle (*fig.* 26), la perpendiculaire A*a* menée de l'angle compris entre les deux côtés égaux sur le côté AB qui lui est opposé.

100. Deux triangles sont *égaux* :

1º Quand ils ont leurs trois côtés égaux chacun à chacun ;

2º Quand ils ont un angle égal compris entre deux côtés égaux ;

3° Quand ils ont un côté égal adjacent à deux angles égaux chacun à chacun ;

4° Quand, étant équilatéraux, ils ont le côté égal ;

5° Quand, étant rectangles, ils ont l'hypoténuse égale et un autre côté égal ;

6° Quand, étant rectangles, ils ont un côté égal et un angle aigu égal ;

7° Quand, étant isocèles, ils ont un côté égal et un angle égal ;

8° Quand, étant isocèles rectangles, ils ont un côté homologue égal.

101. Deux triangles sont *semblables :*

1° Quand ils sont équilatéraux ;

2° Quand leurs angles sont égaux chacun à chacun ;

3° Quand leurs côtés sont proportionnels ;

4° Quand ils ont un angle égal compris entre deux côtés proportionnels ;

5° Quand leurs côtés homologues sont perpendiculaires ;

6° Quand leurs côtés homologues sont parallèles.

102. Dans tout triangle isocèle, la perpendiculaire B*a* (*fig.* 24), A*a* (*fig.* 26), abaissée sur la base de l'angle formé par les deux côtés égaux, partage cette base ainsi que l'angle au sommet en deux parties égales ; elle est donc en même temps bissectrice et médiane. Réciproquement, la bissectrice de l'angle compris entre les deux côtés égaux est perpendiculaire au milieu de la base ; la droite menée par le milieu de la base et passant par le sommet est perpendiculaire à la base et divise l'angle du sommet en deux parties égales.

103. **Règle générale de construction des triangles.** Les trois angles et les trois côtés d'un triangle sont appelés les *six éléments* de sa composition. Pour construire un triangle demandé, il faut connaître trois de ses éléments dont au moins un côté.

104. Figure 21. — *Construire un triangle équilatéral dont le côté est donné.*

Opération. 1° Menons le côté AB donné ; — 2° du point A et d'un rayon AB, décrivons l'arc B*c* ; — 3° du point B et du même rayon, décrivons l'arc AC ; — 4° joignons par des droites l'intersection C avec les points A, B ; le triangle ABC est le triangle demandé.

Observations. Les trois bissectrices Aa, Bb, Cc se coupent en un même point O ; chacune d'elles est perpendiculaire au milieu du côté opposé à l'angle qu'elle divise en deux parties égales ; elles sont donc en même temps bissectrices et médianes. — En pratique, on ne mène des arcs AC, BC que ce qu'il faut pour obtenir l'intersection C.

105. Figure 22. — *Construire un triangle isocèle dont les trois côtés sont donnés.*

Opération. 1° Menons l'un des côtés égaux AB ; — 2° du point A et d'un rayon AB, décrivons un arc illimité ; — 3° du point B et d'un rayon égal au troisième côté, 55^{mm}, décrivons un second arc qui rencontre le premier en C ; — 4° menons la droite AC.

106. Figure 23. — Construisons le triangle acutangle DEF de la même manière que le précédent, en commençant par mener la base DE.

107. Figure 24. — *Construire un triangle rectangle isocèle, l'un des côtés de l'angle droit étant donné.*

Opération. 1° Traçons les deux côtés de l'angle droit, AB, BC, de 70^{mm} ; — 2° par les extrémités A et C menons le troisième côté AC.

108. Figure 25. — *Construire un triangle rectangle scalène dont on connaît l'hypoténuse et l'un des côtés de l'angle droit.*

Opération. 1° Traçons le côté connu de l'angle droit, DE, de 70^{mm} ; — 2° menons D F perpendiculaire illimitée ; — 3° du point E, et d'un rayon de 105^{mm}, longueur donnée de l'hypoténuse, décrivons un arc dont l'intersection en F détermine la longueur de DF.

109. Figure 26. — *Construire un triangle obtusangle isocèle dont les côtés égaux ont* 60^{mm} *et l'autre côté* 95^{mm}.

Opération. 1° Traçons AB de 60^{mm} ; — 2° du point A et du même rayon de 60^{mm}, décrivons un arc en C ; —3° du point B et d'un rayon de 95^{mm} donné pour l'hypoténuse, décrivons un autre arc dont l'intersection avec le premier détermine le point C.

110. Figure 27.—*Construire un triangle obtusangle scalène dont les trois côtés sont donnés.*

Opération. 1° Menons DE, etc…, construction analogue à celle de la figure 26.

111. Figure 28.—*Les trois droites A, B, C, étant données comme côtés d'un triangle, construire ce triangle.*

Opération. 1° Menons DE égale à la droite A ;—2° du point D comme centre, et d'un rayon égal à la droite B, décrivons l'arc *d* ;—3° du point E, et d'un rayon égal à la droite C, décrivons l'arc *e*. L'intersection F des arcs *d*, *e* détermine le sommet du triangle demandé.

112. Figure 29.—*Construire un triangle dont deux côtés et l'angle compris sont donnés.*

Soit donné l'angle *bAd*, dont les côtés doivent avoir dans le triangle, l'un 68 et l'autre 80^{mm}.

Opération. 1° Menons la droite A'B de 60^{mm} ; — 2° du point A, sommet de l'angle donné, et d'un rayon arbitraire, 40^{mm}, décrivons l'arc *bd* intercepté entre les côtés de l'angle donné ; —3° du point A' désigné pour sommet de l'angle donné, et du même rayon, 40^{mm}, décrivons un arc illimité *b'd'* ;— 4° prenons pour rayon la longueur de la corde *bd*, qui est de 50^{mm}, et du point *b'* comme centre décrivons un arc *e* qui coupe en *i* l'arc *b'd'* ;—5° par le point A' et l'intersection *i*, menons une droite illimitée A'C ; — 6° prenons sur cette droite la distance A*a* donnée de 80^{mm}, et menons la droite *a*B. Le triangle ABC répond à la demande.

113. Figure 30.—*Construire un triangle rectangle isocèle dont on connaît la hauteur ou perpendiculaire abaissée du sommet de l'angle droit sur l'hypoténuse ; soit cette hauteur de 50^{mm}.*

Opération. 1º Construisons un angle droit BAC dont les côtés soient illimités ;—2º du sommet A comme centre, et d'un rayon de 50ᵐᵐ, hauteur donnée, décrivons l'arc *ab* compris entre les côtés de l'angle A ;—3º des points *a, b*, pris successivement pour centres et d'un rayon arbitraire, 60ᵐᵐ, un peu plus grand que la moitié de la corde *ab*, décrivons deux arcs qui donnent l'intersection *c* ;—4º par le sommet A et l'intersection *c*, menons la droite A*d* illimitée ; le point D où cette droite rencontre l'arc *ab* est le pied de la hauteur du triangle ;—5º du point D comme centre, et d'un rayon DA, obtenons l'intersection *d* ;—6º des points A , *d*, pris successivement pour centres et d'un rayon arbitraire, 60ᵐᵐ, décrivons des arcs de cercle qui nous donnent les intersections *e, f* ;— 7º par les intersections *e, f*, menons la droite BC', hypoténuse du triangle ABC qui répond à la demande.

114. Figure 31.— *Construire un triangle isocèle rectangle dont l'hypoténuse AB est donnée.*

Opération. 1º Menons AB ; — 2º élevons une perpendiculaire illimitée *c*E sur le milieu de AB ;—3º du point D comme centre, et d'un rayon DA ou DB, décrivons l'arc *e* dont l'intersection avec la perpendiculaire *c*E détermine la hauteur DE du triangle ABE qui répond à la demande.

Observation. Ceci résulte de ce que, dans tout triangle isocèle rectangle, la perpendiculaire abaissée de l'angle droit sur l'hypoténuse est égale à la moitié de l'hypoténuse (nº 98).

115. Figure 32. — *Construire un triangle isocèle dont on connaît la base AB et la hauteur DC.*

1º Menons la base AB de 75ᵐᵐ ; — 2º sur le milieu de AB élevons une perpendiculaire DC, en obtenant des points A et B les intersections *b, c*, qui la déterminent ;— 3º limitons cette perpendiculaire à 80ᵐᵐ de son pied D donnés pour la hauteur ; — 4º joignons par des droites le point C ainsi obtenu avec les points A et B.

116. Figure 33.—*Construire un triangle isocèle dont on connaît la hauteur CD et l'angle C au sommet, compris entre les deux côtés égaux.*

Opération. 1° Menons la droite illimitée *ab* ; — 2° élevons une perpendiculaire sur le milieu de cette droite ; — 3° limitons cette perpendiculaire à 80^{mm} de son pied D ; — 4° du sommet C et d'un rayon arbitraire 50^{mm}, décrivons un arc *mn* ; — 5° de chaque côté de l'intersection o, prenons les distances *om. on* égales et comprenant l'arc *mn* intercepté entre les deux côtés de l'angle donné ; — 6° du point C menons par les points *m, n* les droites CA, CB, qui sont les deux côtés cherchés du triangle ABC.

117. Figure 34. — *Construire un triangle dont on connaît un côté et les deux angles adjacents.*

Opération. 1° Traçons le côté donné AB ; — 2° de chacun des points extrêmes A, B, et d'un rayon arbitraire, 30^{mm}, décrivons les arcs illimités *ca, cb* ;—3° du point c et d'un rayon égal à la corde de l'arc compris par l'angle A, 32^{mm}, obtenons l'intersection *a* : — 4° du point c et d'un rayon égal à la corde de l'arc compris par l'angle B, 35^{mm}, obtenons l'intersection *b* ; — 5° par les points A*a*, menons AC illimitée ; — 6° par les points B*b* menons BC dont l'intersection en C avec AC détermine le sommet du triangle.

118. Figure 35. — *Construire un triangle dont on connaît deux angles adjacents à un côté et le côté opposé à l'un d'eux.*

Opération. 1° Traçons BA illimitée ;—2° du point B, menons BC, côté donné de 90^{mm} et formant avec BA l'angle adjacent au côté connu ; — 3° en un point quelconque de BA, soit en *a*, menons une droite *ac* formant avec B*a* un angle égal à celui qui est donné comme opposé au côté connu ; — 4° prenons la distance C*d* et portons-la en *ae* pour mener CA parallèle à *ac*. La droite CA est le second côté du triangle, et son intersection en A détermine le troisième côté BA du triangle ABC qui répond à la demande.

PLANCHES 10, 11, 12.

Quadrilatères.

119. Définitions. Un *quadrilatère* ou *tétragone* est un polygone à quatre angles et à quatre côtés, qui constituent les huit éléments dont il est composé. — On nomme *angles opposés* ceux qui ne sont pas adjacents, et *côtés opposés* ceux qui ne concourent pas à la formation de deux angles adjacents. — On donne le nom de *diagonales* aux deux droites menées par les sommets des angles opposés.

120. Un même quadrilatère porte un ou plusieurs noms, suivant qu'il possède les propriétés indiquées par un seul ou par plusieurs de ces noms, savoir :

Parallélogramme, qui signifie que les côtés sont parallèles, et par suite égaux deux à deux ;

Équilatéral, qui signifie que les quatre côtés sont égaux entre eux ;

Rectangle ou *équiangle*, qui signifie que les quatre angles sont droits et par conséquent égaux ;

Isocèle, s'il a deux côtés égaux et ses angles égaux deux à deux ;

Scalène, s'il a ses quatre angles et ses quatre côtés inégaux entre eux.

121. Le *carré*, quadrilatère régulier (*fig.* 36 et 37), est en même temps parallélogramme, équilatéral et rectangle. Ses deux diagonales sont égales ; elles se coupent réciproquement en parties égales et à angle droit.

122. Le *rectangle* (*fig.* 38 et 39) est parallélogramme et équiangle. Ses deux diagonales sont égales ; elles se coupent réciproquement en parties égales, mais à angles opposés égaux, et deux à deux seulement.

123. Le *losange* (*fig.* 40 et 41) est parallélogramme et équilatéral ; ses angles opposés sont égaux. Ses deux diagonales sont inégales ; elles se coupent réciproquement en parties égales et à angle droit.

124. Le *parallélogramme* proprement dit (*fig.* 42 et 43) n'a droit qu'à ce seul nom ; ses angles et ses côtés opposés sont égaux entre eux. Ses deux diagonales sont inégales ; elles se coupent réciproquement en parties égales, mais à angles opposés égaux, et deux à deux seulement.

125. Le *trapèze* (*fig.* 44, 45 et 46) est isocèle ou scalène : *isocèle*, lorsqu'il a deux côtés opposés parallèles, mais inégaux, et adjacents chacun à deux angles égaux ; deux côtés égaux, mais non parallèles, et adjacents chacun à deux angles inégaux, mais supplémentaires l'un de l'autre ; ses deux diagonales se coupent en parties égales deux à deux et à angles égaux deux à deux ; *scalène* ou *trapézoïde*, lorsque ce quadrilatère n'a pour condition que deux côtés parallèles.

126. Le quadrilatère *scalène* (*fig.* 47) a ses quatre côtés et par conséquent ses quatre angles inégaux.

127. Un quadrilatère n'est déterminé que lorsque l'on connaît au moins cinq de ses huit éléments, dont un côté ; l'une des diagonales peut remplacer la donnée de l'un des angles, car alors on le partage en deux triangles dont on connaît les trois côtés de chacun, comme la figure 47.

128. Figure 36.—*Construire un carré dont le côté est donné.*

Opération. 1° Menons la droite AB égale au côté donné ;— 2° élevons une perpendiculaire illimitée *eb* sur le milieu de AB, en obtenant les intersections *a. c*, au moyen d'arcs décrits des extrémités A, B ;—3° d'un rayon égal au côté donné AB, et de chacun des points A, *e*, B, pris successivement pour centres, décrivons les arcs *m, n, o* ; — 4° d'un rayon égal à A*e*, demi-AB, et de l'intersection de l'arc *n* avec la perpendiculaire *eb*, décrivons un arc de chaque côté, ce qui nous donne les intersections C, D ; — 5° par les intersections C, D, menons les droites AD, BC, DC qui, avec AB, composent le périmètre du carré.

Autre procédé. 1° Élevons une perpendiculaire à l'une des extrémités de AB, soit A, et donnons à cette perpendiculaire la longueur AD égale à AB ; — 2° des points B, D, et d'un rayon égal à AB, décrivons deux arcs qui se coupent en C.

129. Figure 37. — *Construire un carré dont on a la diagonale.*

Opération. 1° Menons la diagonale donnée AB ;—2° élevons une perpendiculaire CD sur le milieu de cette diagonale et donnons à chaque segment *o*C, *o*D une longueur égale à *o*A ; — 3° menons les droites AC, DB, AD, CB qui sont les quatre côtés du carré demandé.

130. Figure 38. — *Construire un rectangle dont deux côtés inégaux* AB, AD *sont donnés.*

Opération. Cette construction peut s'effectuer par les deux procédés indiqués n°ˢ 128 et 129 pour la construction du carré, en donnant aux perpendiculaires élevées, soit au milieu de AB, soit à ses extrémités, la longueur donnée pour le second côté. Opérons cette construction en élevant la perpendiculaire AD.

131. Figure 39. — *Construire un rectangle dont le côté* AB *est donné de* 60^{mm}, *et la diagonale de* 100^{mm}.

Opération. 1° Traçons AB ; — 2° d'un rayon égal à la demi-diagonale, 50^{mm}, et des points A, B, pris pour centres, obtenons l'intersection *o* ; — 3° par cette intersection et les points A, B, menons les droites illimitées AC, BD ; — 4° du point *o* et d'un rayon égal à *o*A, obtenons les intersections C, D, etc.

132. Figure 40. — *Construire un losange dont les diagonales sont déterminées.*

Opération. 1° Menons l'une des diagonales AB ; — 2° élevons une perpendiculaire illimitée CD sur cette diagonale ; — 3° du point d'intersection *o* et d'un rayon égal à la moitié de la seconde diagonale, obtenons les intersections C, D qui déterminent la seconde diagonale ; — 4° joignons par des droites les points extrêmes des diagonales : le losange ACBD répond à la demande.

133. Figure 41. — *Construire un losange dont le côté et l'un des angles sont donnés.*

Opération. 1° Traçons une droite illimitée CD;—2° du point C et d'un rayon arbitraire, 40ᵐᵐ, décrivons un arc *ac*, et donnons-lui, de chaque côté de l'intersection *o*, une longueur égale à la moitié de l'arc intercepté entre les côtés de l'angle donné;—3° par le point C et les intersections *a*, *c*, menons les droites CA, CB auxquelles nous donnons 56ᵐᵐ, longueur donnée du côté;—4° des points A, B, et d'un même rayon de 56ᵐᵐ, décrivons des arcs qui nous donnent l'intersection D: —5° menons les droites AD, BD.

Observation. Dans la pratique, on ouvrirait de suite l'angle ACB, la corde *ac* de l'arc intercepté étant donnée, sans s'occuper d'abord de la diagonale CD.

134. Figure 42. — *Construire un parallélogramme dont les deux côtés AB, BD et l'angle compris ABD sont donnés.*

Opération. 1° Ouvrons l'angle donné ABD, et donnons à ses côtés les dimensions voulues; — 2° du point A et d'un rayon égal à BD, du point D et d'un rayon égal à AB, décrivons des arcs en C, et menons par cette intersection les côtés AC, CD.

135. Figure 43. — *Construire un parallélogramme dont un côté AB et les deux diagonales AD, BC sont déterminés.*

Opération. 1° Traçons AB;—2° du point A et d'un rayon égal à la moitié de l'une des diagonales décrivons l'arc *a*;— 3° du point B et d'un rayon égal à l'autre demi-diagonale décrivons l'arc *b*; — 4° menons les droites illimitées AD, BC; — 5° du point d'intersection *o* et d'un rayon égal aux demi-diagonales, traçons des arcs qui déterminent les points C, D, etc.

136. Figure 44. — *Construire un trapèze isocèle dont la hauteur EF et les deux côtés parallèles AB, CD sont déterminés.*

Opération. 1° Traçons l'un des côtés parallèles, soit AB; —2° élevons une perpendiculaire B*a* sur le milieu de AB, et donnons-lui la longueur EF égale à la hauteur donnée; — 3° par le point F menons *cd* parallèle à AB;—4° de l'intersection F et d'un rayon égal à la moitié du second côté BC, traçons des arcs en C et D; — 5° menons les côtés AD, BC.

137. Figure 45. — *Construire un trapèze isocèle, connaissant deux côtés adjacents AB, AD, et l'angle ABC compris entre eux.*

Opération. 1° Traçons AB; — 2° des points A, B, et d'un rayon arbitraire, 36ᵐᵐ, décrivons des arcs *ab, cd*; — 3° des points *a, c*, et d'un rayon égal à la corde qui sous-tend l'arc intercepté entre les côtés de l'angle donné, obtenons les intersections *b, d*; — 4° menons les droites AD, BC et donnons-leur la longueur du second côté donné; — 5° menons DC.

138. Figure 46. — *Construire un trapèze isocèle dont on connaît les deux côtés parallèles et l'un des obliques.*

Opération. 1° Traçons AB, le plus grand des deux côtés parallèles; — 2° élevons *ae* perpendiculaire sur le milieu de AB; — 3° d'un rayon égal à la moitié du petit côté parallèle, soit 26ᵐᵐ, et de chacun des points d'intersection *o,b*, décrivons des arcs pour déterminer les parallèles *d*D, *c*C et menons ces parallèles à *ae*; — 4° des points A, B, et d'un rayon égal au petit côté, 55ᵐᵐ, décrivons des arcs qui nous donnent les intersections C, D, etc.

139. Figure 47. — *Construire un quadrilatère dont on connaît les quatre côtés et l'une des diagonales.*

La diagonale AB divise le quadrilatère en deux triangles; l'opération est donc réduite à la construction de deux triangles ABC, ABD dont on connaît les trois côtés de chacun.

Opération. 1° Traçons la diagonale AB; — 2° construisons de chaque côté les triangles ACB, ADB, en obtenant des points A, B les intersections C, D, sommets de ces triangles.

PLANCHE 13.

Normale. — Bissectrices.

140. **Normale.** On appelle *normale à une courbe* la perpendiculaire à la tangente en un point donné de cette courbe; aussi désigne-t-on quelquefois la normale par le nom de *perpendiculaire à une courbe.* — Lorsque la courbe donnée est un arc ou une circonférence, la normale demandée passe

par le centre, et n'est autre chose que le rayon prolongé passant par le point donné.

141. Figure 48. — *Mener la normale au milieu d'un arc donné* AB.

Il s'agit de trouver une perpendiculaire à la tangente au milieu de l'arc ; cette tangente est parallèle à la corde de l'arc ; il suffit donc de trouver la perpendiculaire au milieu de la corde.

Opération. 1° Du centre O, décrivons l'arc donné AB ; — 2° d'un rayon arbitraire, 60^{mm}, un peu plus grand que la demi-distance qui sépare les points extrêmes A, B, et de chacun de ces points pris successivement pour centre, décrivons deux arcs pour obtenir les intersections a, b : — 3° par ces intersections a, b, menons la droite CO perpendiculaire au milieu de la corde AB et à la tangente cd ; CO est la normale demandée.

142. Figure 49. — *Par un point donné C, mener la normale à l'arc donné* AB.

Opération. 1° Du centre O et d'un rayon OA, décrivons l'arc donné AB ; — 2° du point donné C et d'un rayon arbitraire, 65^{mm}, plus grand que la distance qui sépare le point donné C de l'arc AB, décrivons un autre arc qui nous donne sur le premier les intersections a, b ; — 3° d'un rayon arbitraire, 65^{mm}, plus grand que la demi-corde ab, et de chacun des points a, b, pris successivement pour centre, décrivons deux arcs pour obtenir les intersections c, e ; — 4° par les intersections c, e, menons la droite CO qui est la normale demandée.

Observation. Nous avons opéré comme si le centre était inconnu ; car, le centre étant connu, il suffit, pour avoir la normale demandée, de joindre par une droite le centre O au point donné C.

143. Figures 50 et 51. — *Déterminer la bissectrice d'un angle dont le sommet est inaccessible.*

Premier procédé. Figure 50. — Soient données les droites AB, CD obliques entre elles et par conséquent devant se rencontrer et former un angle dont le sommet est inconnu ; il suffit de mener des parallèles équidistantes à ces droites et qui se rencontrent, puis de trouver la bissectrice de l'angle qu'elles forment ; cette bissectrice sera celle demandée.

Opération. 1° Des points a, b, c, d, pris arbitrairement, deux sur chaque droite donnée, et d'un rayon arbitraire, 16^{mm}, décrire des arcs ;—2° mener les droites ef, gh, tangentes chacune à deux de ces arcs ; ces droites sont parallèles chacune à l'une des droites données AB, CD ;—3° du point d'intersection m de ces droites, et d'un rayon arbitraire, 50^{mm}, décrire un arc ii ; — 4° des intersections i de cet arc avec les parallèles ef, gh, et d'un rayon arbitraire, 30^{mm}, décrire des arcs, pour obtenir l'intersection k ;—5° par les points d'intersection k, m, mener la droite EF qui est la bissectrice demandée.

Deuxième procédé. Figure 51.—*Soient données les droites* AB, CD.

Opération. 1° Menons arbitrairement la droite ab, sécante des droites AB, CD ; — 2° de chacun des points a, b, et d'un rayon arbitraire, 20^{mm}, décrivons des demi-circonférences qui donnent les intersections c, d, e, f ;—3° de ces points d'intersection et des intersections i de la sécante avec les demi-circonférences, décrivons des arcs qui donnent les intersections, m, n, o, r ;—4° par chacun des points a, b et par les intersections m, n, o, r, menons des droites qui se coupent en s et u ; —5° par les intersections s, u, menons la droite EF qui est la bissectrice demandée.

PLANCHE 14.

Circonférence inscrite, circonscrite.

144. Figure 52.—*Par les extrémités* A, B, *d'une droite, faire passer une circonférence dont le rayon est donné.*

Cette opération consiste dans la recherche d'un point équidistant de chacun des points A, B, d'une distance égale au rayon donné ; ce point sera le centre de la circonférence.

Opération. 1º Traçons la droite donnée AB ;— 2º d'une ouverture de compas égale au rayon donné, 38^{mm}, décrivons des points A,B, des arcs qui se coupent en O ;—3º du point O et du même rayon décrivons la circonférence ABC demandée.

145. Figure 53. — *Circonscrire une circonférence à un triangle donné* ABC.

Cette opération consiste dans la recherche du centre de la circonférence qui doit passer par les trois points, sommets des angles ; ce qui s'effectue en élevant une perpendiculaire sur le milieu de deux quelconques des côtés ; le point d'intersection de ces deux perpendiculaires est le centre demandé. La perpendiculaire élevée sur le milieu du troisième côté passerait par le même point.

Opération. 1º Construisons le triangle donné ABC;— 2º du point A et d'un rayon arbitraire, 40^{mm}, plus grand que demi AC, décrivons un arc *amb*;— 3º du point B et du même rayon, décrivons l'arc *cnd*;— 4º du point C et du même rayon, décrivons l'arc *abd*:— 5º menons des droites par les intersections *a,b* et *c, d*;—6º des points de rencontre O de ces droites, et d'un rayon OA ou OB, décrivons la circonférence demandée.

146. Figure 54. — *Inscrire une circonférence dans un triangle donné* ABC.

Le centre de la circonférence demandée se trouve à l'intersection des bissectrices de deux quelconques des angles ; la bissectrice du troisième passe par ce même point.

Opération. 1º Traçons le triangle donné ABC ; — 2º des pointes B, C, et d'un rayon arbitaire, 35^{mm}, décrivons les arcs *ab, cd*;—3º des points *a*, *b*, et d'un rayon arbitraire, aussi de 35^{mm}, décrivons les arcs qui donnent l'intersection *e* déterminant la bissectrice B*e*;—4º opérons de même des points *c,d*, pour déterminer la bissectrice C*f*;—5º de l'intersection O des bissectrices décrivons l'arc *fg*, et de ses intersections *f*, *g*, décrivons deux arcs dont l'intersection *m* détermine O*m*, perpendiculaire au côté BC; le point O est le centre, et le segment O*n* est le rayon de la circonférence demandée.

Définitions des parties du cercle.

147. Figure 55. —On nomme *secteur* une partie de cercle AOB comprise entre deux rayons et l'arc qu'ils interceptent : — *segment*, une partie CD comprise entre un arc et sa corde; — *anneau* ou *couronne*, une partie comprise entre deux circonférences concentriques.

Le tracé de la figure 55 ne présente aucune difficulté.

PLANCHE 15.

Divisions géométriques de la circonférence.

148. Figure 56. — *Diviser une circonférence en quatre parties égales.*

Deux diamètres perpendiculaires entre eux effectuent cette division ; chacun des quatre arcs AD, DB, BC, CA ainsi obtenus porte le nom de *quadrant* ; les quatre angles au centre sont égaux et par conséquent droits.

Opération. 1° Traçons le diamètre horizontal AB et la circonférence ADBC ;—2° d'un rayon arbitraire, 50^mm, un peu plus grand que le demi-diamètre, et de chacune des extrémités A, B, décrivons deux arcs dont les intersections *a, b* déterminent la droite CD perpendiculaire au milieu du diamètre AB, passant nécessairement par le centre, et par conséquent diamètre demandé.

149. Figure 56.—*Diviser une circonférence en huit parties égales.*

La division en quatre parties égales étant effectuée par deux diamètres perpendiculaires, il suffit de mener les bissectrices des angles au centre.

Opération. 1° D'un rayon arbitraire, 36^mm, un peu plus grand que la demi-distance de A à C, et de chacun des points A, C, B, décrivons des arcs qui donnent les intersections *c, d* ;—2° par les points *c, d* et le centre *o*, menons des droites qui sont les bissectrices demandées.

150. Figure 57. — *Diviser une circonférence en six parties égales, en trois, en douze.*

Le rayon de la circonférence est égal à la corde qui sous-tend l'arc d'un sixième de circonférence.

Opération. 1° Traçons le diamètre AB, de 80^{mm}, et la circonférence ACBD de 40^{mm} de rayon;—2° du même rayon et de chacun des points A, B, décrivons deux arcs *a, b*, qui coupent la circonférence l'un en dessus, l'autre en dessous du diamètre, et effectuent ainsi la division en six parties égales.

La division en *trois* parties égales est effectuée par les points d'intersection de ces arcs de deux en deux.

Pour la division en *douze* parties égales : 1° menons deux diamètres perpendiculaires AB, CD;— 2° du rayon de la circonférence et de chaque extrémité de ces diamètres, décrivons deux arcs *a, c, b, d,* qui coupent la circonférence en douze parties égales.

151. Figure 58. — *Diviser une circonférence en dix, en cinq parties égales.*

La moyenne raison du rayon est la corde qui sous-tend l'arc d'un dixième de circonférence.

Opération. 1°Traçons les deux diamètres perpendiculaires et la circonférence; — 2° du point *a*, milieu du rayon CO, décrivons la demi-circonférence C*b*O et menons la droite *a*A qui donne l'intersection *b* ; — 3° du point A et d'un rayon A*b*, décrivons l'arc *cbd* qui coupe en *e* le diamètre OA et le divise en moyenne et extrême raison ; les arcs *c*A, A*d* ont chacun une corde égale à la moyenne raison A*e* du diamètre et sont égaux chacun à un dixième de la circonférence.

L'arc *c*A*d* est égal à deux dixièmes ou à un cinquième de circonférence.

Observation. Lorsque l'on partage une droite en deux parties ou segments, de telle sorte que le plus grand soit moyen proportionnel entre le plus petit et la ligne entière, on dit que cette ligne est divisée en moyenne et extrême raison, le mot *raison* signifiant ici *rapport.* Ainsi, dans la figure 58, le segment O*e* est, par rapport au segment *e*A, ce que celui-ci est lui-même par rapport à la ligne entière OA.

152. Figure 58. — *Diviser une circonférence en quinze parties égales.*

La différence entre un sixième et un dixième est de un quinzième ($\frac{1}{6} - \frac{1}{10} = \frac{10}{60} - \frac{6}{60} = \frac{4}{60} = \frac{1}{15}$).

Opération. 1° Obtenons la dixième partie de la circonférence, soit BF ; — 2° du point B et d'un rayon égal à celui de la circonférence, décrivons l'arc OE qui nous donne l'arc BE égal au sixième de la circonférence ; l'arc FE, différence entre BE sixième et BF dixième de la circonférence, en est le quinzième.

Degrés. — Rapporteur.

153. **Degrés.** Pour apprécier la dimension des angles, et par suite celle des arcs qu'ils interceptent entre leurs côtés, on a divisé l'angle droit en 90 petits angles égaux, et l'on a donné le nom de *degré* à l'inclinaison relative des côtés de l'un de ces angles. Un *angle droit* a donc 90 degrés ; un *angle aigu* a moins de 90 degrés ; un *angle obtus* a plus de 90 degrés. La notation des degrés d'un angle s'exprime par un ° placé en haut et à droite du nombre de degrés.

Les quatre angles droits formés par l'intersection de deux perpendiculaires ont un total de quatre fois 90 ou 360°. Si, prenant pour centre le point d'intersection de ces perpendiculaires, l'on décrit une circonférence d'un rayon quelconque, elle sera divisée par ces perpendiculaires en quatre arcs égaux, et chacun de ces arcs sera subdivisé en 90 petits arcs égaux par les côtés des angles d'un degré. De là vient que l'on dit que : pour mesurer les angles et les arcs, on a divisé la circonférence en 360°.

154. — **Rapporteur.** Pour mesurer graphiquement les angles sur le papier, on a imaginé un instrument qui porte le nom de *rapporteur.* Cet instrument (*fig.* 59) est composé d'un demi-cercle en corne ou en cuivre, dont la circonférence, appelée *limbe*, est divisée en 180 parties égales ou degrés par les droites partant du centre.

155. Figure 58. — *Soit à mesurer l'angle* AOC.

Opération. Plaçons le centre O du rapporteur sur le sommet O de l'angle, de telle sorte que le rayon OA du rapporleur coïncide exactement avec le rayon OA de l'angle ; le côté OC du rapporteur coïncidant avec le côté OC de l'angle, on voit que cet angle AOC a 90°. Le rapporteur étant dans la même position, on verrait que l'angle cOA a 180° moins 144° ou 36°. Pour éviter ce dernier calcul, la numération des rapporteurs est généralement faite dans les deux sens.

156. Figure 58.— *Soit donnée la ligne* BO, *dont le point* O *doit être le sommet des angles* BOh, *de* 36°, BOC *de* 90°, BOc *de* 144°.

Opération. 1° Plaçons le rapporteur de la même manière que dans l'opération précédente ; — 2° marquons avec un crayon, sur le papier, des points correspondants aux extrémités des divisions 36, 90, 144 du limbe du rapporteur ; — 3° joignons par une droite chacun de ces points avec le centre O, et nous aurons les angles demandés.

Observations. Il faut avoir soin de tracer les points tout près de la circonférence du limbe et bien aux extrémités des divisions, sans cela les opérations seraient défectueuses. La dimension du rapporteur n'influe en rien sur la mesure des angles, lorsque l'opération est régulièrement faite ; mais les plus grands facilitent la régularité. Le tracé de la figure 59 exige l'emploi d'un rapporteur pour pointer ses divisions.

PLANCHES 16, 17.

Polygones réguliers inscrits.

157. **Définitions.** Un polygone est dit *inscrit* dans une circonférence lorsque les sommets de tous ses angles sont situés sur cette circonférence, et que ses côtés sont des cordes de cette même circonférence. — La circonférence *circonscrite* à un polygone est divisée en autant d'arcs que le polygone a d'angles ou de côtés, et le polygone est régulier lorsque ces arcs sont tous égaux entre eux. — Les angles formés par des rayons partant du centre de la circonférence, et passant par le sommet de chacun des angles d'un même polygone régulier, sont dits *angles au centre* et sont tous égaux entre eux : ils ont pour valeur le nombre de degrés obtenus en

divisant 360 par le nombre de côtés du polygone; ains
l'*angle au centre*

    du *triangle régulier* a 360° divisés par 3 ou 120°;
    du *carré*   —   —   4 ou 90°;
    du *pentagone*   —   —   5 ou 72°, etc.

Nous avons indiqué autour du rapporteur (*fig.* 59) les
angles au centre des polygones qui ont un nombre exact de
degrés, et nous avons répété cette indication dans un angle
au centre de ces mêmes polygones (*fig.* 60...67).

158. Tous les polygones réguliers d'un même nombre de
côtés, inscrits dans des circonférences de même rayon, sont
égaux entre eux. — On nomme *apothème* la perpendiculaire
abaissée du centre de la circonférence circonscrite sur l'un
des côtés d'un polygone régulier.

Dans tous les polygones réguliers d'un nombre pair de
côtés, ces côtés sont parallèles deux à deux. Lorsque le
nombre des côtés est impair, le diamètre mené par le sommet de l'un quelconque des angles divise le côté opposé et
l'arc qu'il sous-tend en deux parties égales. Il en résulte que,
dans ce cas, pour obtenir un polygone d'un nombre double
de côtés, il suffit de mener un diamètre par chaque sommet
d'angle du polygone à nombre impair de côtés.

Observations. Les quatre polygones de chacune des planches 16 et 17 étant inscrits dans des circonférences d'un
même rayon, nous commencerons par tracer ces circonférences en les déterminant par leurs diamètres horizontaux
AB, et verticaux CD.

159. Figure 60. —*Inscrire un triangle régulier CEF.*

Opération. 1° Du point D et du rayon de la circonférence
traçons les arcs E, F; — 2° joignons entre eux les points
C, E, F par les droites CE, CF, EF.

Observation. Le côté EF coupe le rayon OD en deux parties égales; l'apothème O*a* du triangle régulier égale donc
le demi-rayon; d'où la hauteur C*a* de ce triangle égale les
trois quarts du diamètre de la circonférence circonscrite.

160. Figure 61. — *Inscrire un carré CADB.*

Opération. Joignons par des droites les extrémités des deux diamètres perpendiculaires.

161. Figure 62. — *Inscrire un pentagone CHEFG.*
Cette opération s'effectue en obtenant la moyenne raison du rayon, ainsi que nous l'avons fait, figure 18 et n° 60.

Opération. 1° Du point *a*, milieu du rayon AO, décrivons la demi-circonférence O*b*A et menons la droite *a*D; — 2° du point D et du rayon D*b*, décrivons l'arc EBF; — 3° prenons la longueur de la corde EF, et portons-la en CH et CG.

162. Figure 63. — *Inscrire un hexagone CEFDGH.*

Opération. Portons le rayon de la circonférence en CH, CE, DF, DG.

163. Figure 64. — *Inscrire un heptagone.*

Opération. Par le milieu F du rayon OB, élevons une perpendiculaire; la moitié EF de cette perpendiculaire est approximativement le côté de l'heptagone.

164. Figure 65. — *Inscrire un octogone.*

Opération. Recourons à la division de la circonférence en huit parties égales (*fig.* 56 et n° 149).

165. Figure 66. — *Inscrire un ennéagone.*

Opération. Il n'y a pas de procédé géométrique pour cette opération; construisons donc l'angle au centre *a*OC qui est de 40° (360 : 9 = 40), et portons sa corde C*a* de C en *b*, etc.

166. Figure 67. — *Inscrire un décagone.*

Opération. Obtenons le côté C*c* égal à la moyenne raison C*b*, comme à la figure 63 et au n° 161.

PLANCHE 18.

Polygones réguliers (Suite).

167. Figure 68. —*Construire un octogone à l'aide d'un carré.*

Opération. 1° Traçons le carré ABCD et menons ses diagonales AC, BD ; — 2° de chaque sommet A, B, C, D pris alternativement pour centre, et d'un rayon égal à la demi-diagonale, décrivons les arcs *aa, bb, cc, dd,* dont les intersections avec les côtés du carré déterminent les côtés de l'octogone.

Observation. Dans la pratique, on ne trace de ces arcs que ce qu'il en faut pour marquer les points d'intersection *a, b, c, d.*

168. Figure 69. — *Inscrire un dodécagone.*
Cette opération n'est autre chose qu'une application de la trisection de l'angle droit (*Fig.* 15 et n° 56).

Opération. 1° De chaque extrémité A, C, B, D des deux diamètres perpendiculaires, prise successivement pour centre, et d'un rayon égal à celui de la circonférence, décrivons un arc donnant deux points d'intersection avec la circonférence ;— 2° joignons ces points par des droites.

Observation. Voir celle du numéro précédent.

169. Figure 70.—*Inscrire et circonscrire à une même circonférence deux carrés dont les sommets de l'un se trouvent sur le milieu des côtés de l'autre.*

Opération. 1° Menons les côtés horizontaux AB, CD et les côtés verticaux AD, BC, tangents à la circonférence ;—2° menons le diamètre horizontal FH et le diamètre vertical EG, par les points de tangence des côtés du carré ABCD ; — 3° joignons les extrémités de ces deux diamètres pour obtenir le carré inscrit.

Observation. La seule inspection de la figure 70 fait voir que le carré inscrit a une surface moitié plus petite que celle du carré circonscrit.

170. Figure 71. — *Inscrire et circonscrire à une même circonférence deux carrés à côtés parallèles.*

Opération. 1° Traçons le carré circonscrit ABCD, ainsi que ses deux diagonales AC, BD ; — 2° joignons par des droites les points d'intersection des diagonales avec la circonférence, pour avoir le carré inscrit.

Observation. Le rapport entre les surfaces de ces deux carrés n'est pas aussi apparent que dans la figure précédente, mais il n'en est pas moins le même.

PLANCHE 19.

Polygones réguliers (Suite).

171. Figure 72. — *Inscrire et circonscrire deux hexagones à côtés parallèles.*

Opération. 1° Traçons la circonférence circonscrite, inscrivons l'hexagone ABCDEF (comme *Fig.* 63 et n° 162), et menons les trois diamètres passant par les six sommets ; — 2° traçons la circonférence *abcdef*, concentrique avec la première et tangente à chacun des côtés de l'hexagone ; — 3° joignons les points d'intersection de cette circonférence avec les diamètres pour former l'hexagone inscrit.

Observation. Le triangle équilatéral inscrit, et ayant les sommets de ses angles au milieu de trois des côtés de l'hexagone circonscrit, a ses côtés parallèles aux trois autres côtés ; sa surface est égale à la moitié de celle de l'hexagone.

172. Figure 73. — *Construire un polygone régulier quelconque dont la longueur d'un côté et le nombre des côtés sont donnés.*

Soit à construire un pentagone dont le côté est donné de 47^{mm}.

Opération. 1° D'un rayon arbitraire, 25^{mm}, d'environ moitié du côté donné, traçons une circonférence, et inscrivons le pentagone ABDEF ; — 2° prolongeons l'un des côtés, soit AB,

3.

jusqu'en C, de telle sorte que AC soit égal au côté donné 47mm; — 3° au point C élevons C*b*, parallèle au rayon AO et prolongeons le rayon OB jusqu'à son intersection *b* avec la parallèle C*b*; le rayon O*b* est celui de la circonférence circonscrite au pentagone demandé.

Division graphique de la circonférence.

173. Figure 74.—*Diviser graphiquement une circonférence en un nombre quelconque de parties, soit en 7.*

Opération. 1° Divisons le diamètre horizontal AB en sept parties, nombre de divisions demandé; — 2° portons l'une de ces divisions en dehors, et à partir de la circonférence, sur le diamètre horizontal et sur le diamètre vertical prolongés;— 3° menons par les points extrêmes de ces dernières divisions, *a* et *d*, une droite *ad* qui coupe la circonférence en *b*; — 4° par le point *b* et le point *c*, troisième division du diamètre, menons la droite *bc* qui est la corde de la septième partie de la circonférence, ou le côté de l'heptagone inscrit.

Observation. Par ce procédé, qui n'est qu'approximatif, le diamètre horizontal se divise en autant de parties que l'on veut obtenir de divisions sur la circonférence; mais on joint toujours le point d'intersection *b* de la circonférence avec le point de la troisième division du diamètre.

174. Figure 75. — *Autre procédé graphique général.*

Opération. 1° Divisons le diamètre en autant de parties égales que la circonférence doit avoir de divisions, soit 7;— 2° de chaque extrémité du diamètre AB prise pour centre et d'un rayon AB, décrivons deux arcs qui se coupent en *a*; — 3° par l'intersection *a* et la deuxième division du diamètre, menons la droite *a*E, qui coupe la circonférence en E; — 4° par le point E et l'extrémité A du diamètre, menons AE qui est la corde de l'une des divisions demandées.

PLANCHE 20.

Polygones à côté et à nombre de côtés donnés.

175. *Figure 76. — La droite* AB *étant donnée comme côté, construire sur cette droite des polygones de* 3, 6, 7, 8, *etc., côtés.*

Opération. 1° Menons l'horizontale AB donnée de 36^{mm}, 18 de chaque côté de la ligne d'axe VV, sur laquelle seront situés les centres de nos polygones; — 2° d'un rayon AB et des points A, B pris successivement pour centres, décrivons des arcs dont l'intersection en C donne le sommet du triangle équilatéral ABC, en même temps que le centre de l'hexagone; — 3° du point C et du même rayon, décrivons la circonférence circonscrite à l'hexagone et traçons ce polygone; — 4° divisons le rayon CD en six parties égales et prenons chacun de ses points de division pour centre d'une circonférence passant par les points A et B. Chacune de ces circonférences sera circonscrite aux polygones de 7 à 12 côtés. — 5° Les points d'intersection 7, 8, etc., de ces circonférences avec l'axe nous donneront les centres des circonférences circonscrites aux polygones de 14, 16, etc., côtés.

Observations. Cette construction est loin d'être mathématique, mais elle peut être employée fréquemment dans la pratique et donner des résultats suffisants.

Toutes les fois que l'on voudra opérer géométriquement, il faudra recourir au procédé de construction indiqué pour la Fig. 73, n° 172.

Remarques. Lorsqu'après avoir porté sur la circonférence le côté donné, autant de fois que le polygone doit avoir de côtés, il se trouve un arc en surplus, c'est que la circonférence est trop grande; si cet arc est très-petit, on peut remédier à cette inexactitude en prenant les points de division un peu en dedans de la circonférence. Lorsque le contraire arrive, c'est-à-dire lorsque la circonférence est un peu trop petite, il faut prendre les points de division en dehors.

Il est fort difficile d'obtenir les divisions en nombres élevés, même par les procédés géométriques; aussi lorsqu'un de ces nombres a un sous-multiple dont la division est facile à obtenir, conseillons-nous d'effectuer, dans la pratique, d'abord la division la plus simple qui est sous-multiple, quitte à subdiviser chaque arc par tâtonnement. Par exemple, si nous voulons diviser une circonférence en 15 parties égales, le procédé indiqué par la Fig. 58, n° 151, est assurément fort ingénieux, mais la multiplicité des opérations entraîne nécessairement une petite différence, qui, multipliée par 15, peut en donner une importante; nous commencerions donc par effectuer la division en 5 parties.

PLANCHE 21.

Circonférences tangentes.

176. Figure 77. — *Tracer trois circonférences tangentes en un même point.*

Observations. Trois circonférences ne peuvent être tangentes en un même point, que si deux au moins le sont intérieurement. Les trois centres doivent être situés sur une même ligne droite que nous nommons *ligne d'axe*. La distance entre les centres de deux circonférences tangentes intérieurement est égale à la différence de leurs rayons ; ainsi le rayon de la circonférence A étant de 30^{mm}, et celui de la circonférence B de 20^{mm}, la distance AB sera de 10^{mm}. La distance entre les centres de deux circonférences tangentes extérieurement est égale à la somme de leurs rayons ; ainsi, le rayon de la circonférence A étant de 30^{mm}, et celui de la circonférence C de 20^{mm}, la distance AC sera de 50^{mm}.

Opération. 1° Menons la ligne d'axe illimitée *ab* ; — 2° décrivons la circonférence A ; — 3° prenons le centre B à 10^{mm} au-dessus de A et décrivons la circonférence B ; — 3° prenons le centre C, à 50^{mm} du centre A, et décrivons la circonférence C, qui sera tangente en C avec les deux autres.

177. Figure 78. — *Tracer trois circonférences tangentes extérieurement et deux à deux.*

Opération. 1° Menons l'horizontale AB, et prenons sur cette droite les centres A, B, à 40^{mm} l'un de l'autre, somme de leurs rayons, et décrivons les deux circonférences A, B, qui sont tangentes au point *a* ; — 2º du centre A, et d'un rayon de 52ᵐᵐ, somme des rayons des circonférences A et C, décrivons un petit arc en C ; — 3º opérons de même du centre B pour obtenir l'intersection C ; — 4º menons les droites AC, BC et décrivons la circonférence C qui est tangente à la circonférence A au point d'intersection *b*, et à la circonférence B au point d'intersection *c*.

Tangentes à une circonférence.

178. Figure 79. — *Mener les tangentes à une circonférence, et en même temps parallèles à une droite donnée AB.*

Observation. Il ne peut y avoir que deux droites répondant à la demande, car elles doivent être tangentes à la circonférence à ses deux points d'intersection avec une sécante passant par le centre, perpendiculaire à la droite donnée, et à laquelle elles sont elles-mêmes perpendiculaires.

Opération. 1º Menons la droite donnée AB et décrivons la circonférence C ; — 2º du centre C de la circonférence et d'un rayon arbitraire, 50ᵐᵐ, décrivons l'arc *abc* ; — 3º de chacune des intersections *a*, *c*, et d'un rayon arbitraire, 30ᵐᵐ, un peu plus grand que la demi-distance *ac*, décrivons deux arcs, dont les intersections *e*, *i*, déterminent la droite HJ perpendiculaire à AB, passant par le centre C, et donnant les deux points de tangence par ses intersections I, J, avec la circonférence ; — 4º prenons avec le compas la distance *oI* ; de ce rayon et des points *a*, *c*, décrivons les arcs *m*, *n*, qui déterminent la première tangente DE ; — 5º prenons avec le compas la distance *oJ* ; de ce rayon et des points *a*, *c*, décrivons les arcs *r*, *s* qui déterminent la seconde tangente FG.

179. Figure 80. — *D'un point donné D hors d'une circonférence, mener deux tangentes à cette circonférence.*

Observation. D'un même point on ne peut mener que deux tangentes à une circonférence.

Opération. 1º Menons une ligne d'axe AD, passant par le centre B de la circonférence et par le point donné D ; — 2º décrivons la circonférence B donnée; — 3° prenons le point C au milieu de la distance qui sépare le centre B du point donné D; — 4° du point C, comme centre, et d'un rayon CB, décrivons une circonférence qui coupe la première en a et c; — 5° par le point D et les intersections a, c, menons deux droites DE, DF, qui sont les tangentes demandées.

PLANCHE 22.

Tangentes à deux circonférences.

180. Figure 81. — *Mener les deux tangentes extérieures à deux circonférences.*

Opération. 1° Menons la ligne d'axe ou des centres ab, et décrivons les circonférences données, A de 30^{mm} et B de 15^{mm} de rayon; — 2° d'un rayon égal à la différence entre les rayons des deux circonférences, décrivons du centre A une circonférence concentrique; — 3° du point c, milieu de la distance AB, décrivons l'arc Bdf qui nous donne les intersections d, e; — 4° par le centre A et les intersections d, e, menons les droites Ag, Ah, et du centre B menons Bi, Bj, parallèles à ces droites. Les points d'intersection g, i, déterminent la tangente CD, et les points h, j, la tangente EF.

181. Figure 82. — *Autre procédé.*

Opération. Après avoir mené la ligne d'axe et décrit les circonférences, A de 26^{mm} et B de 10^{mm} de rayon : 1° menons deux rayons parallèles Aa, Bb, et par leurs extrémités a, b, menons la droite ab qui coupe la ligne d'axe en C; — 2° du point c, milieu de CA, et d'un rayon Cc, décrivons un arc qui donne les deux intersections d, e; — 3° par chacune de ces intersections d, e, et le point C, menons les droites CD, CF qui sont les deux tangentes demandées.

182. Figure 83. — *Mener les deux tangentes intérieurement à deux circonférences.*

Opération. 1° Menons la ligne d'axe et décrivons les circonférences données, A de 20^{mm} et B de 25^{mm} de rayon; —

2° menons deux rayons A*a*, B*b*, parallèles, un dans chaque circonférence et un de chaque côté de la ligne d'axe ; — 3° joignons les points extrêmes *a*, *b*, de ces rayons par une droite *ab* qui coupe la ligne d'axe en *c* ; — 4° du point *d*, pris sur la ligne d'axe, au milieu de la distance B*c*, et d'un rayon égal à *de*, décrivons un arc *cei* qui coupe la circonférence B en deux points *e*, *i* ; — 5° par le point *c* menons les droites CD, EF, passant par les points d'inter s ection *e*, *i* ; ce sont ls tangentes demandées.

Observation. Les rayons A*a*, B*b* forment ici un angle de 60° avec la ligne d'axe ; ils pourraient former un tout autre angle ; mais pour que l'intersection *c* soit bien déterminée, il vaut mieux que cet angle soit plutôt plus grand que plus petit.

183. **Figure 84.** — *Tracer deux circonférences, sécantes en deux points donnés* C, D, *et tangentes à une droite donnée* AB.

Opération. 1° Par les points donnés C, D, menons la droite C*c* ; — 2° du point *m*, milieu de C*c*, décrivons la demi-circonférence C*dc* ; — 3° menons *ef* perpendiculaire sur le milieu de CD ; — 4° du point D, menons D*d* perpendiculaire à C*c*, et par conséquent parallèle à *ef* ; — 5° du point *c* et d'un rayon *cd*, décrivons la demi-circonférence *adb* ; — 6° aux points *a*, *b*, menons *a*E, *b*F, perpendiculaires à AB. Les points d'intersection E, F, des perpendiculaires *a*E, *b*F avec la droite *ef*, sont les centres des deux circonférences, dont ces deux perpendiculaires sont les rayons.

Observation. Sur cette figure, il n'est décrit de la deuxième circonférence que l'arc GDH.

PLANCHES 23, 24.

Raccordement des lignes.

Définitions.—On nomme *raccordement* l'opération qui consiste dans l'union de plusieurs lignes, sans former ni angles ni brisures ou *jarrets* aux points de raccord, de telle sorte, en un mot, qu'elles semblent ne former qu'une seule et même ligne. Le raccordement a lieu, soit entre deux courbes, soit entre une droite et une courbe. Comme raccordement de courbes entre elles, nous ne parlerons que de celui des arcs de circonférence, qui seul est soumis à des règles fixes. Les principaux cas de raccordements sont ceux : de l'ovale ou ove, de l'anse de panier, de certaines moulures d'architecture, des spirales, des arcs rampants, des volutes.

184. L'*ovale* est une courbe composée de quatre arcs raccordés deux à deux, continue, c'est-à-dire ne présentant à l'œil ni commencement ni fin. Il est *régulier* (Fig. 87), lorsque les arcs sont égaux deux à deux ; *irrégulier* ou simplement *symétrique* (Fig. 88), lorsque deux des arcs seulement sont égaux entre eux. Dans ce dernier cas il représente assez bien le contour de la figure humaine, ou celui des *oves* d'architecture, nom qu'on peut lui attribuer pour le désigner plus brièvement. Les axes de l'ovale, AB, CD (Fig. 87), sont deux droites perpendiculaires entre elles : l'une, AB, grand axe, parcourt la plus grande longueur de l'ovale ; l'autre, CD, petit axe, parcourt sa plus grande largeur.

185. L'*anse de panier* (Fig. 85 et 86) est une courbe composée généralement de trois arcs Ao, or, rB, raccordés entre eux ; les deux arcs extrêmes Ao, rB, sont égaux entre eux et se raccordent chacun avec l'une des droites AE, BF, que l'on nomme *pieds-droits*. La partie courbe ACB de l'anse de panier est un demi-ovale régulier ; cette partie peut être composée de 5, 7, 9, etc., arcs, ayant toujours un centre propre à chacun. L'anse de panier est d'un emploi fréquent dans la construction des voûtes. Les deux points de raccord des pieds-droits avec la courbe portent le nom de *naissance de la voûte;* ils sont situés à l'extrémité de la droite AB, grand axe d'ovale, qui prend le nom de *corde* et doit être horizontale ; le demi petit axe d'ovale OC, perpendiculaire au milieu de AB, et par conséquent vertical, est appelé *flèche.*

186. La *spirale* (Fig. 90) est une courbe composée d'un nombre illimité d'arcs raccordés deux à deux, et dont les points de raccord s'éloignent du point de départ d'une distance constante ; elle peut être tracée de 2, de 3, de 4, etc., centres.

3.

187. L'*arc rampant* (Fig. 92) est une courbe composée de deux arcs raccordés entre eux, et chacun avec l'une des verticales ou pieds-droits AB, CD. Cette courbe est, comme l'anse de panier, employée pour la construction des voûtes ; elle porte le nom d'arc rampant, parce que l'un des points de naissance C est plus bas que l'autre A, devant lequel par conséquent il semble s'incliner.

Nous parlerons des moulures et des volutes dans le dessin d'application.

188. **Règles générales.** — Lorsque le raccordement a lieu entre deux arcs de circonférence, ces circonférences doivent être tangentes (*Fig.* 77, 78 et n°ˢ 176, 177), c'est-à-dire que leurs centres et le point de tangence ou de raccord doivent être situés sur une même ligne droite.

Lorsque le raccordement a lieu entre un arc et une droite, la droite doit être tangente à la circonférence dont cet arc fait partie (*Fig.* 79 et n° 178), c'est-à-dire qu'elle doit être perpendiculaire au rayon qui se termine au point de raccord.

189. Figure 85. — *Tracer une anse de panier, étant données sa corde* AB, *de* 80ᵐᵐ, *et sa flèche* CD, *de* 25ᵐᵐ.

Opération. 1° Traçons l'horizontale AB, la verticale *kc* sur laquelle nous prenons la distance OC donnée pour flèche, et menons les droites AC, CB ; — 2° du point O et d'un rayon OA décrivons la demi-circonférence AcB ; — 3° du point C et d'un rayon Cc, différence entre la demi-corde AB et la flèche OC, décrivons une circonférence qui coupe en *a* et *b* les droites AC, CB ; — 4° menons les droites *ef*, *gh* perpendiculaires sur le milieu des segments A*a*, B*b*. Les points d'intersection *m*, *s*, *n*, sont les centres des arcs A*o*, *or*, *r*B, et les droites AE, BF sont perpendiculaires aux extrémités des rayons A*m*, *n*B.

190. Figure 86. — *Autre procédé.*

Opération. 1° Traçons l'horizontale AB, la verticale *ck* ; prenons la distance OC et décrivons la demi-circonférence AcB, comme ci-dessus ; — 2° divisons cette demi-circonférence en trois parties égales, en portant son rayon de A en *a* et de B en *b* ; traçons les cordes A*a*, *ac*, *cb*, *b*B et les rayons

aO, bO; — 3° du point C, menons Cd, Ce, parallèles aux cordes
ca, cb; — 4° des intersections d, e, menons ds, es, parallèles
aux rayons aO, bO. Les intersections m, s, n, sont les centres des trois arcs Ad, de, eB.

191. Figure 87. — *Tracer un ovale dont le grand axe AB
est donné de* 100^mm, *le petit axe CD étant indéterminé.*

Opération. 1° Traçons le grand axe AB, et CD perpendiculaire au milieu ; — 2° prenons les points a, b, à 20^mm du
centre O, distance arbitraire ; — 3° prenons les points c, d,
à 30^mm du centre O, distance également arbitraire ; — 4° par
ces quatre points deux à deux, menons les droites md, cp,
nc, do ; — 5° des points a, b et d'un rayon aA, décrivons
deux circonférences ; — 6° des points c, d et d'un rayon cn,
décrivons les arcs mo, nr.

Observation. Il existe un certain nombre de procédés de
construction pour ce genre d'ovale ; si les deux axes étaient
donnés, on pourrait avoir recours à l'un des modes de
construction de l'anse de panier. (N°s 189. et 190.)

192. Figure 88. — *Tracer un ovale symétrique ou ove, dont
le grand axe AB est donné de* 90^mm, *et le petit axe CD
de* 70^mm.

Opération. 1° Menons les lignes d'axes AB, CD ; — 2° de
leur intersection O et d'un rayon de 35^mm, demi petit axe,
décrivons une circonférence ; — 3° de l'intersection a et
d'un rayon de 20^mm, différence entre les deux axes, décrivons une seconde circonférence ; — 4° par les points C, D
et le centre a, menons les droites Cc, Dd ; — 5° des points
C, D, et d'un rayon CD, décrivons les arcs Dc, Cd.

193. Figures 89, 89 *bis*, 89 *ter.* — *Tracer une doucine, un
talon, une scotie, principales moulures d'architecture.*

Disposition générale. Traçons les horizontales et les verticales déterminées par les cotes.

Figure 89. — *Doucine.* 1° Traçons l'oblique AB ; — 2° du
point O, milieu de AB, et d'un rayon OA, décrivons une circonférence ; — 3° des points A, B, et du même rayon, décri-

vons les arcs O*a*, O*b* ; — 4° de l'intersection *a* et du même rayon, décrivons l'arc AO ; — 5° de l'intersection *b* et du même rayon, décrivons l'arc OB.

Figure 89 *bis*. — *Talon*. Construction analogue à celle de la doucine.

Figure 89 *ter*. — *Scotie*. 1° Du point *a* et d'un rayon *a*G, décrivons l'arc G*b* ; — 2° menons *cd* perpendiculaire au milieu de E*b* ; — 3° du point *c* et d'un rayon *c*E, décrivons l'arc EF ; — 4° du point *f* et d'un rayon *f*F, décrivons l'arc FG.

194. Figure 90. — *Tracer une spirale à quatre centres*.

Opération. 1° Menons les deux horizontales et les deux verticales déterminées par les cotes, et donnant les quatre centres A, B, C, D ; — 2° du centre A et d'un rayon AD, décrivons l'arc D*a* ; — 3° du centre B et d'un rayon B*a*, décrivons l'arc *ab* ; — 4° du centre C et d'un rayon C*b* décrivons l'arc *bc* ; — 5° du centre D et d'un rayon D*c*, décrivons l'arc *cd* ; — 6° du centre A et d'un rayon A*d*, décrivons l'arc *de*, commençant la seconde révolution, etc.

195. Figure 91. — *Diviser la surface d'un cercle en un nombre quelconque de parties égales, soit 5, au moyen d'arcs raccordés*.

Opération. 1° Menons le diamètre AB. et divisons-le en 10 parties égales (8^{mm} pour chacune), nombre double de celui des divisions superficielles que l'on veut obtenir, et traçons la circonférence ; — 2° des points de division *a*, *h*, et d'un rayon *a*B, décrivons les demi-circonférences B*b*, *g*A ; — 3° des points de division *b*, *g*, et d'un rayon *b*B, décrivons les demi-circonférences B*d*, A*e* ; — 4° des points de division *c*, *f*, et d'un rayon *c*B, décrivons les demi-circonférences B*e*, A*d* ; — 5° des points *d*, *e*, et d'un rayon *d*B, décrivons les demi-circonférences B*g*, A*b*.

196. Figure 92. — *Tracer un arc rampant, courbe composée de deux arcs raccordés*.

Opération. 1° Menons les horizontales de *naissance de voûte* B*a*, *c*C, les verticales de pieds-droits AB, CD et la verticale d'axe E*e* ; — 2º menons la droite AC, par les points de naissance ; de son point d'intersection *b* avec la verticale d'axe E*e*, et d'un rayon *b*A, décrivons l'arc A*m*E, qui donne l'intersection E avec la ligne d'axe ; — 3º de l'intersection E, et d'un rayon EA, décrivons l'arc A*d ;* — 4º des points A, *d,* et d'un rayon arbitraire (44ᵐᵐ) obtenons l'intersection *f ;* — 5º par le point E, et l'intersection *f,* menons la droite E*f,* donnant les intersections *g, h,* avec les horizontales de naissance ; ces intersections sont les centres, *g* de l'arc A*n*E, *h* de l'arc E*r*C.

PLANCHE 25.

Courbes déterminées par des points.

197. Figure 93. — *Étant donnés trois points* A , B, C, *d'une circonférence, déterminer d'autres points de cette circonférence.*

Observation. Pour l'exécution de la figure, nous tracerons d'abord la circonférence, sur laquelle nous prendrons les trois points A, B, C ; les autres points que nous voudrons déterminer devront se trouver sur la circonférence.

Opération. 1º Traçons un triangle ABC, ayant les trois points donnés pour sommets des angles ; — 2º de deux des sommets pris pour centres, soient A, B, et d'un rayon arbitraire, 25ᵐᵐ, décrivons deux arcs *aa, bb ;* — 3º à partir des intersections *e,* portons sur ces arcs des distances égales *ce,* à droite des côtés AC, BC ; *cm, cn,* à gauche ; — 4º par les points *e,* et les sommets A, B, menons deux droites dont l'intersection *r* doit se trouver sur la circonférence ; — 5º opérons de même pour les autres points *m, n.*

Observation. Cette opération est utile pour déterminer autant de points qu'il serait nécessaire d'une circonférence que l'on ne pourrait tracer au compas.

198. **Définition.** L'*hélice* est une courbe qui se trace circulairement et dont les points s'élèvent d'une quantité constante ; l'arête d'une vis décrit une hélice. — On nomme *pas de l'hélice* la hauteur AC dont elle s'élève. en accomplissant une révolution entière. Vue en dessus, elle présente une

circonférence ; aussi dit-on qu'elle a une circonférence pour *plan* ; son *axe* est la droite élevée du centre du plan, et dont tous les points sont à égale distance. — Nous reviendrons sur cette définition en parlant du cylindre. (N° 279.)

199. Figure 94. — *Tracer une hélice dont le plan a la droite DF pour diamètre et dont la hauteur du pas est AC.*

Opération. 1° Traçons la demi-circonférence DAF, demi-plan de l'hélice, et divisons-la en un nombre arbitraire mais pair de partie égales, soit six ; — 2° divisons la hauteur du pas, AC, en un nombre double de parties, soit douze, et par ces points de division menons des horizontales ; — 3° de chaque point de division D, *a, b,* A, *c, d,* F, du demi-plan, élevons une verticale. Les intersections *e, f, g, h,* B, etc., de ces verticales avec les horizontales, déterminent autant de points de l'hélice.

Observation. Lorsque l'on doit diviser une circonférence en un nombre de parties égales indéterminé, il est bon de choisir la division par 6, par 12 ou par 24 (n° 150 et fig. 57), comme étant les plus faciles ; si ce nombre doit être impair, la division par 9 ou par 15 s'effectue aisément au rapporteur, les angles au centre étant 40° et 24°.

200. Figure 95. — *Déterminer un arc rampant dont la distance entre les deux naissances est donnée.*

Opération. 1° D'un rayon AB égal à la demi-distance donnée entre les deux naissances, décrivons une circonférence ; — 2° menons le diamètre CD formant angles de 45° avec les rayons horizontal et vertical, en divisant l'angle ABE qu'ils forment en deux parties égales ; — 3° divisons la demi-circonférence DcC en un nombre arbitraire de parties égales, soit six, et de chacun des points de division *a, b, c, d, e,* menons une perpendiculaire au diamètre CD ; — 4° à chaque intersection *f, g,* B, *i, j,* ainsi obtenue sur le diamètre, élevons une verticale ; — 5° du point *f* et d'un rayon *fa,* décrivons un arc dont l'intersection *k* détermine un point de l'arc rampant ; — 6° opérons de même de chaque point *g, i, j,* pour déterminer les autres points *l, m, n.*

201. Figures 95 et 96. — *Déterminer la courbe que présente une circonférence vue obliquement.*

Observations. Si nous regardons le bord d'un verre en nous plaçant au-dessus, ce bord présente une circonférence ; si nous le regardons de côté, l'œil à sa hauteur, il nous présente une ligne droite ; si nous le regardons de manière à ce qu'il forme un angle quelconque avec le rayon visuel, la circonférence se déformera ; son diamètre diminuera dans la direction du rayon visuel : la courbe que présente alors le bord du verre est appelée ellipse (voir figures 97.... 100, nos **202**,... 205). — Soit à déterminer l'ellipse que présente la circonférence de la figure 95, vue sous un angle de 45°.

Opération. 1° Divisons la demi-circonférence CcD, et son diamètre à 45° CD, comme n° 200 ; — 2° par chacun des points D, *f, g*, B, *i, j*, C, menons des horizontales ; — 3° menons la verticale IJ ; — 4° de l'intersection *o* et d'un rayon égal à *fa*, obtenons les intersections *s*, qui sont deux points de l'ellipse ; — 5° du même rayon et du point *r*, obtenons les intersections *v* ; — 6° d'un rayon *gb* et des points *p, q*, obtenons les intersections *t, u* ; — 7° du rayon B*c*, et du point G, obtenons les intersections F, H, qui déterminent le diamètre.

PLANCHE 26.

Ellipse.

202. Définitions. Figure 99.— L'*ellipse* est une courbe qui a quelque ressemblance avec l'ovale régulier ; aussi les confond-on fréquemment, et l'un des tracés de la figure 99 porte le nom de tracé de *l'ovale de jardinier*. Ainsi que l'ovale, l'ellipse a deux axes AB, CD, mais elle en diffère en ce qu'elle n'est pas composée d'arcs raccordés, qu'elle n'a pas de centres et qu'elle ne peut être tracée au compas. — On nomme *foyers* de l'ellipse deux points E, F, placés sur le grand axe, et équidistants du point d'intersection O des deux axes. Ce nom de foyers vient de ce que les planètes, en tournant autour du soleil, décrivent une courbe elliptique (en forme d'ellipse) à l'un des foyers de laquelle est placé le soleil.

203. Figure 97. — *Déterminer l'ellipse formée par une circonférence formant un angle de 30° avec le rayon visuel.*

Opération. 1° Traçons la demi-circonférence donnée AFB, son diamètre horizontal AB de 80ᵐᵐ, son rayon vertical EF prolongé jusqu'en H, et l'horizontale CD; — 2° du point C comme centre, et d'un rayon CD, décrivons un arc D*d*; — 3° menons la droite C*a* formant un angle de 30° avec l'horizontale CD (ou prenons au compas la corde de l'arc D*a* pour obtenir l'intersection *a*); — 4° par l'intersection *a*, menons une horizontale *bc* qui détermine le petit axe GH; — 5° divisons le rayon vertical EF en un nombre quelconque de parties égales, soit 4, et le petit axe GH en un nombre double, soit 8; — 6° par les points de division, menons des horizontales; — 7° aux intersections *d* des horizontales avec la demi-circonférence, élevons des verticales, dont les intersections *e* avec les horizontales comprises entre CD et *bc* déterminent un certain nombre de points de l'ellipse.

204. Figure 98. — *Déterminer une ellipse à l'aide de deux circonférences concentriques ayant pour diamètres : l'une, le grand axe AB, de 80ᵐᵐ; l'autre, le petit axe CD, de 40ᵐᵐ.*

Opération. 1° Traçons l'horizontale AB, la verticale EF, et de leur point d'intersection O, décrivons deux circonférences concentriques de 40 et 80ᵐᵐ de diamètre; — 2° divisons la plus grande en un nombre pair de parties égales, soit 24, en opérant d'abord la trisection des angles droits, puis la bisection de chaque angle ainsi obtenu; — 3° par les points de division, menons des diamètres *ab*, *dc*,.... puis des verticales *ac*, *db*,....; — 4° par les intersections *i*, *r*,.... des diamètres avec la petite circonférence, menons des horizontales dont les intersections *s*, *t*,.... avec les verticales *ac*, *db*,.... déterminent autant de points de l'ellipse.

205. Figure 99. — *Tracer l'ellipse dite ovale de jardinier, le grand axe AB étant donné de 100ᵐᵐ, et le petit, CD, de 70ᵐᵐ.*

Opération géométrique. 1° Traçons la verticale AB, l'horizontale CD et pointons sur cette dernière les extrémités C, D du petit axe à 35ᵐᵐ de chaque côté de l'intersection O; —

2° du point D et d'un rayon égal au demi-grand axe, décrivons un arc dont les intersections E, F avec le grand axe déterminent les deux foyers ; — 3° marquons sur le grand axe un point *a* quelconque, prenons le rayon A*a*, et de chaque foyer, décrivons deux arcs en *b, b, c, c* ; — 4° prenons pour rayons *a*B, surplus du grand axe, et de chaque foyer, décrivons deux arcs qui se coupent avec les premiers en *b, b, c, c*; ces intersections déterminent quatre points de l'ellipse ; — 5° marquons sur le grand axe un autre point *d*, et opérons comme précédemment pour déterminer quatre autres points de l'ellipse *e, e, i, i*. On peut ainsi déterminer autant de points de l'ellipse que l'on veut.

Opération pratique. 1° Déterminons comme ci-dessus les deux axes et les deux foyers ; — 2° attachons à deux aiguilles un fil de la longueur du grand axe et plantons une de ces aiguilles à chaque foyer ; — 3° tendons le fil avec la pointe d'un crayon et faisons mouvoir cette pointe circulairement ; elle passera par tous les points déterminés géométriquement, et par conséquent tracera l'ellipse.

Observation. Les jardiniers remplacent le fil et les aiguilles par un cordeau et des piquets ; de là vient le nom donné à ce tracé d'ellipse.

206. **Figure 100.** — *Déterminer une ellipse à l'aide d'une règle en bois ou en papier.*

Opération. 1° A partir d'une extrémité E de la règle EF, marquons sur le bord la distance EG égale au demi petit axe et la distance EH égale au demi grand axe ; — 2° faisons pivoter la règle, en maintenant toujours la marque G sur le grand axe et la marque H sur le petit axe ; — 3° faisons de fréquents arrêts et à chacun marquons un point à l'extrémité E de la règle ; l'ensemble de ces points détermine l'ellipse.

Observation. Pour le dessin sur papier, une règle en papier est plus commode qu'une règle en bois ; pour la préparer, on prend une bande de papier assez fort de trois à quatre centimètres de largeur et un peu plus longue que le demi-grand axe ; on la plie en deux dans sa largeur, le pli formant en longueur une règle bien droite ; on taille l'une des extrémités en biseau, la pointe du côté du pli, sur lequel on marque les deux demi-axes à partir de la pointe du biseau.

PLANCHES 27, 28.

Figures semblables, équivalentes, etc.

207. Rapports linéaires et rapports superficiels. — Nous avons défini, n°s 71, 72 et 73, les cas dans lesquels deux figures sont semblables ou équivalentes. La comparaison entre deux figures semblables a lieu : soit d'après leur *rapport linéaire*, en comparant deux côtés homologues ; soit d'après leur *rapport superficiel*, en comparant leurs aires ou surfaces.

208. Figure 101. — En comparant entre eux, sous le *rapport linéaire*, les carrés ABCD, AEFG, AHIJ, AKLM, le côté AB du premier étant contenu 2 fois dans le côté AE du second, 3 fois dans AH, 4 fois dans AK, le premier est aux autres comme 1 est à 2, est à 3, est à 4. — Comme *rapports superficiels*, le premier étant contenu 4 fois dans le second, 9 fois dans le troisième, 16 fois dans le dernier, le premier est aux autres comme 1 est à 4, est à 9, est à 16. Cet exemple suffit pour faire comprendre l'immense différence qui existe entre ces deux rapports. On commet donc une grave faute d'élocution en disant, par exemple, d'une chambre carrée qui a 4 mètres de côté, qu'elle a 4 mètres carrés, car cela veut dire qu'elle n'a que 2 mètres de côté ; il faudrait énoncer, pour bien dire, qu'elle a 16 mètres carrés. Les rapports linéaires ne présentent aucune difficulté à obtenir ; il n'en est pas de même des rapports superficiels, mais la géométrie démontre les opérations qu'il faut effectuer pour trouver ces rapports.

209. **Mesure des surfaces.** — Pour évaluer une surface, on cherche combien de fois elle contient un carré pris pour unité de mesure.

L'*unité de superficie*, pour les surfaces de petite dimension, est le *mètre carré* ; on se sert aussi de ses sous-multiples : le décimètre, le centimètre et même le millimètre carrés.

L'unité de superficie agraire est l'*are*, carré qui a 10 mètres de côté et qui contient par conséquent 100 mètres carrés.

Le *carré* a pour surface le produit de son côté multiplié par lui-même. Prenons pour exemple un carré d'un mètre de côté ; si l'on veut savoir combien la surface du mètre carré contient de décimètres carrés, le côté étant de 10 décimètres, ce nombre multiplié par lui-même produit 100 décimètres carrés. On trouvera de même que le mètre carré contient 100 × 100 ou 10000 centimètres carrés ; 1000 × 1000 ou 1 million de millimètres carrés.

Le *rectangle* a pour surface le produit de son grand côté multiplié par le plus petit. Si, par exemple, nous voulons savoir combien le rectangle AKNG (*fig.* 101) contient de fois le carré ABCD considéré comme unité de mesure, on cherche combien son grand côté AK contient de fois le côté AB du carré, ici 4 ; puis combien son petit côté KN contient de fois AB, ici 2 ; nous multiplions 4 par 2 et nous trouvons 8.

Le *parallélogramme* a pour surface le produit de l'un de ses côtés, pris pour base, multiplié par la perpendiculaire menée de ce côté au côté qui lui est parallèle ; cette perpendiculaire est dite *hauteur* du parallélogramme. D'où l'on dit : le parallélogramme a pour surface le produit de sa base par sa hauteur. Ainsi (*fig.* 101) le parallélogramme AEOC a pour surface AE × BC ; le côté AE ayant 4 centimètres et BC en ayant 2, on a 4 × 2 = 8.

Le *triangle* a pour surface la moitié du produit de la base par la hauteur. Ainsi la base EK du triangle EKO (*fig.* 101) ayant 4 centimètres, la hauteur OH ayant 2 centimètres, on a 4 × 2 : 2 = 4 centimètres carrés ; ce dont il est ici facile de se rendre compte, chacun des triangles EHO, OHK étant la moitié de l'un des carrés.

Le *trapèze* a pour surface la moitié de la somme des côtés parallèles multipliée par la hauteur. Ainsi le trapèze AKOC (*fig.* 101) a pour surface AK + OC × BC : 2, ou en centimètres : 8 + 4 × 2 : 2 = 12 centimètres carrés.

La surface d'un polygone quelconque peut être divisée en triangles que l'on évalue séparément et dont la somme est celle du polygone. — Les droites qui servent à diviser un polygone en triangles sont appelées *droites de triangulation*.

210. Figure 102. — *Le côté AB d'un polygone étant donné, déterminer le côté homologue d'un second polygone double du premier en superficie.*

Opération. 1° Menons AC formant angle droit avec AB et de même longueur; — 2° menons l'hypoténuse BC; cette droite est le côté homologue demandé.

211. Figure 102. — *Le côté AB d'un polygone étant donné, déterminer le côté homologue d'un second polygone triple du premier en superficie.*

Opération. 1° Obtenons l'hypoténuse BC comme ci-dessus; — 2° portons sa longueur sur AB prolongée en D; — 3° menons CD, côté homologue demandé.

Figure 103. — *Autre procédé.* 1° Du point B et d'un rayon AB, décrivons un arc ADC; — 2° portons sur cet arc deux fois le rayon AB, de A en D, et de D en C; — 3° par l'intersection C, menons la droite AC qui répond à la question.

212. Figure 104. — *Construire un carré dont la superficie soit moitié de celle du carré ABCD.*

Opération. 1° Construisons le carré ABCD, menons ses diagonales et la verticale illimitée FG passant par l'intersection O de ces diagonales; — 2° du point d'intersection F de cette verticale avec le côté AB du carré, et d'un rayon FB, décrivons un arc qui donne sur la verticale FG l'intersection G; — 3° des sommets A, B, menons des droites par l'intersection G. Le carré AOBG a pour surface moitié de celle du carré ABCD.

Observation. On voit que le côté du carré ABCD sert de diagonale au carré AGBO, qui n'a que la moitié de la superficie du premier. Si l'on retournait la question, ce serait la diagonale de AGBO qui servirait de côté au carré ABCD.

213. Figure 105. — *La droite AB étant le côté d'un polygone, déterminer le côté homologue d'un second polygone semblable, n'ayant que le tiers de la surface du premier.*

Opération. 1º Sur AB construisons un triangle équilatéral ABC ; — 2º menons les deux bissectrices CD, AE ; — 3º du point d'intersection O de ces bissectrices et du sommet C, décrivons, d'un rayon CO, des arcs qui se coupent en E. Le segment CO est le côté demandé, et le triangle équilatéral COE n'a que le tiers de la superficie du triangle ABC.

En retournant la question :

La droite CO étant le côté d'un polygone, déterminer le côté homologue d'un second polygone semblable, ayant une superficie triple de celle du premier.

Opération. 1º Sur la droite donnée CO, construisons un triangle équilatéral COE ; — 2º prolongeons l'un des côtés, soit OE, d'une longueur AO égale à OE ; — 3º par le point A et le sommet C, menons AC, côté du polygone demandé.

214. Figure 106. — *Tracer les circonférences de deux cercles équivalents en superficie à un cercle donné, l'une de ces circonférences D ayant un diamètre donné de 50ᵐᵐ.*

Opération. 1º Du centre O et d'un rayon de 30ᵐᵐ, traçons la circonférence donnée ; — 2º du point B et d'un rayon de 50ᵐᵐ, obtenons l'intersection A ; menons la droite BA ; de son point milieu D et d'un rayon DA, décrivons la circonférence D ; — 3º par les points A, C, extrémités des diamètres BA, BC, menons la droite AC qui est le diamètre de la seconde circonférence.

Observation. Ainsi que nous l'avons vu (nº 196 et fig. 93), tous les angles dont les sommets sont situés à la circonférence ont pour mesure la moitié de l'arc intercepté entre leurs côtés. Ici l'angle BAC intercepte une demi-circonférence BFC ; cette demi-circonférence a pour mesure deux angles droits BOF, FOC ; l'angle BAC est par conséquent un angle droit. Il suit de là que pour obtenir la réciproque de la proposition précédente, on opérerait de la manière suivante :

Tracer la circonférence d'un cercle équivalent en superficie à deux cercles donnés.

Opération. Construisons un angle droit BAC, dont les côtés BA, AC soient les diamètres des cercles E, D, donnés ; l'hypoténuse BC sera le diamètre de la circonférence demandée.

215. Figure 107. — *Construire un polygone semblable au pentagone irrégulier ABCDE, une droite ab étant donnée comme côté homologue de AB.*

Observation. Cette opération, quoique graphique, est géométriquement exacte; elle est surtout utile lorsque l'on veut trouver un second côté homologue comme *cd* à CD, un premier *ab* à AB étant donné. Elle peut s'effectuer de deux manières, soit à l'intérieur, soit à l'extérieur du polygone donné.

Opération. 1ᵉʳ *Procédé.* 1° Menons les droites de triangulation AC, AD; — 2° portons *ab* en A*b*, sur son homologue AB; — 3° menons *bc* parallèle à BC, *cd* parallèle à CD, *de* parallèle à DE.

2ᵉ *Procédé.* 1° Prolongeons en dessus les côtés AB, AE, ainsi que les lignes de triangulation, et sur AB prolongé portons son homologue A*b*; — 2° menons BE et sa parallèle *be*; — 3° menons *bc* parallèle à BC, *de* parallèle à DE; les points d'intersection *c*, *d*, de ces côtés avec les lignes de triangulation déterminent le côté *cd* qui doit être parallèle à CD.

216. Figures 108 et 109. — Sur *ab*, côté homologue de AB, construire un polygone semblable au polygone ABCDE.

Observations. Les cadres de construction étant ici supprimés, les cotes placées le long de l'horizontale inférieure de construction partent de son point d'intersection V avec la verticale de construction du cadre. — Pour construire le polygone donné ABCDE : 1° traçons la droite AB et les lignes de triangulation AD, BD, qui forment le triangle ABD; — 2° construisons ensuite chacun des autres triangles AED, BCD, à l'aide des cotes. (Voir la construction des triangles, n° 111 et *fig.* 28.)

Opération. 1° Ouvrons un angle FGH indéterminé; — 2° sur l'un de ses côtés, soit FG, et à partir de G, pointons la distance GM égale au côté AB du polygone donné, puis successivement, également à partir de G, les mesures des autres côtés et des lignes de triangulation du polygone donné; —

3° sur l'autre côté GH, toujours à partir de G, portons la distance GN égale à *ab*, et par les points N, M, menons une droite MN ; — 4° par tous les points *f, g, i, m, n*, portés sur FG, menons des parallèles à MN, qui donnent sur GH les lignes G*f*, G*g*, etc., proportionnelles et par conséquent homologues aux lignes de même nom sur le côté FG ; — 5° prenons au compas, sur GH, la distance G*n* homologue de la ligne de triangulation AD ; de ce rayon et du point *a*, décrivons un premier arc en *d* ; — 6° prenons de même la distance G*m* homologue de BD ; de ce rayon et du point *b*, décrivons un second arc qui donne l'intersection *d* ; — 7° menons les droites *ad, bd*, qui sont proportionnelles avec les droites AD, BD. Opérons de même pour obtenir les sommets C, F.

PLANCHES 29, 30.

Figures équivalentes. — Transformations.

217. Figure 110. — *Construire un rectangle équivalent au parallélogramme ABCD.*

Opération. 1° Construisons le parallélogramme donné ABCD ; — 2° aux extrémités de la base AB, élevons les droites AE, BF perpendiculaires à cette base et prolongeons en E sa base parallèle. Le rectangle ABEF répond à la demande.

Observation. Les parallélogrammes de même base et de même hauteur sont équivalents ; par suite, tout parallélogramme ayant AB pour base, BE pour hauteur, est équivalent au parallélogramme ABCD.

218. Figure 110. — *Construire un rectangle équivalent au parallélogramme ABCD, la droite BI étant donnée pour base du rectangle.*

Opération. 1° Transformons comme ci-dessus le parallélogramme ABCD en rectangle ABEF ; — 2° menons EI et sa parallèle AG ; — 3° menons GH parallèle à BI. Le rectangle BGHI répond à la demande.

Observation. Tout parallélogramme ayant IB pour base et BG pour hauteur est équivalent au rectangle ABEF, et par suite au parallélogramme ABCD.

219. Figure 111. — *Construire un triangle dont un côté HB est donné, équivalent au triangle ABC.*

Opération. 1° Aux extrémités A, B de la base du triangle, élevons des perpendiculaires AE, BD, illimitées, et par le sommet C, menons CD parallèle à la base AB du triangle. Cette parallèle détermine le rectangle ABDE; — 2° transformons le rectangle ABDE en rectangle BFGH, comme numéro précédent, et menons sa diagonale FH. L'un des triangles BFH ou FGH répond à la question.

Observation. Le rectangle ayant pour mesure le produit de sa base par sa hauteur, et la surface du triangle n'équivalant qu'à la moitié de ce produit, les deux rectangles ABDE, BFGH ont une surface double de celle du triangle donné ABC; le triangle BFH, étant moitié de ce dernier rectangle, équivaut au triangle donné.

220. Figure 112. — *Construire un carré équivalent à un rectangle donné ABCD.*

Opération. 1° Construisons le rectangle donné ABCD; — 2° prolongeons le grand côté AD d'une longueur DE égale au petit côté DC; — 3° du point F, milieu de AE, et d'un rayon FA, décrivons une demi-circonférence; — 4° prolongeons le petit côté DC jusqu'en G. La droite DG est le côté du carré DGHI, équivalent au rectangle ABCD.

Réciproquement : *Sur une droite donnée AD, construire un rectangle équivalent au carré donné DGHI.*

Opération. 1° Par les points G, A, menons la droite GA; — 2° menons FJ perpendiculaire sur le milieu de GA; — 3° du point d'intersection F, décrivons une demi-circonférence qui rencontre en E le côté AD prolongé; — 4° d'un rayon DE, décrivons un quart de circonférence qui coupe en C le côté DG du carré. Le segment DE, devenu DC, est le second côté du rectangle ABCD équivalent au carré DGHI.

221. Figure 113. — *Construire un rectangle équivalent au triangle donné ABC.*

Opération. 1º Construisons le triangle ABC, à l'aide des mesures cotées ; les cotes de la base partent du point V d'intersection de la verticale de construction avec l'horizontale inférieure des cadres de construction ; — 2º par le point V, milieu de la base AB, et par le point A, élevons deux perpendiculaires VD, AE illimitées ; — 3º par le sommet C, menons CE parallèle à la base ; cette parallèle limite les perpendiculaires VD, AE, qui sont les deux grands côtés du rectangle dont les segments DE, VA sont les deux petits.

222. Figure 113. — *Construire un carré équivalent au triangle donné ABC.*

Opération. 1º Transformons le triangle ABC en rectangle AVDE comme ci-dessus ; — 2º du point V et d'un rayon VD, décrivons un quart de circonférence DI ; — 3º du point O, milieu de AI, et d'un rayon AO, décrivons une demi-circonférence AFI. Le point d'intersection F détermine la droite VF, côté du carré VFGH, équivalent au rectangle AVDE, et par suite au triangle ABC.

223. Figure 114. — *Construire un carré équivalent à un losange donné ABCD.*

Opération. 1° Construisons le losange ABCD, à l'aide des cotes, et transformons-le en rectangle ACEF : ce qui s'opère en menant par le point D la droite EF parallèle à la diagonale AC, puis par les points A, C, les droites AF, CE, parallèles à la diagonale IJ ; — 2° transformons le rectangle ACEF en carré, ainsi qu'il est indiqué au n° 222.

224. Figure 115. — *Construire un carré équivalent à un cercle.*

Opération. 1° Traçons la circonférence donnée O d'un rayon de 24ᵐᵐ ; menons un diamètre quelconque AB, et par son extrémité A, menons la tangente AC, perpendiculaire à AB ; — 2° divisons le rayon OB en six parties (ici 4ᵐᵐ par division) ; de la première division G, la plus rapprochée du centre, et d'un rayon double de celui du diamètre (96ᵐᵐ) décrivons un arc en C ; — 3° par l'intersection C ainsi obtenue sur la tangente, et par l'extrémité B du diamètre, menons une droite BC, dont l'intersection D avec la circonférence détermine la droite AD, côté du carré ADEF, ayant une surface égale à celle du cercle.

Observation. Cette solution n'est pas géométriquement exacte, eu égard à l'impossibilité de trouver la quadrature du cercle, mais graphiquement elle est aussi approximative que possible.

225. Figure 116. — *Construire un polygone équivalent au polygone donné ABCDEF, mais ayant un côté de moins.*

Opération. 1° Construisons le polygone donné en le composant de triangles dont les côtés sont cotés et en procédant d'abord par ABC, puis par ACF, et ainsi de suite ; — 2° par le point D menons DG parallèle à CE, et prolongeons le côté FE jusqu'à son intersection en G avec la parallèle DG. Le triangle CEG est équivalent au triangle CED, comme ayant même base et même hauteur; le polygone de cinq côtés ABCGF est donc équivalent au polygone de six côtés ABCDEF.

226. Figure 117. — *Transformer le polygone ABCDEF en un triangle équivalent.*

Opération. 1° Construisons le polygone donné, comme celui du n° 225 ; — 2° prolongeons les côtés ED, FE, AF ; — 3° menons CG parallèle à BD, pour obtenir l'intersection G ; GH parallèle à BE, pour obtenir l'intersection H ; HI parallèle à BF, pour obtenir l'intersection I, sommet du triangle ABI, équivalent au polygone donné.

Observation. Cette opération se compose d'opérations successives absolument identiques à l'ensemble des opérations du n° précédent ; seulement il n'est pas nécessaire de mener les droites BG, BH, qui montrent les transformations successives du polygone donné de six côtés en polygone de cinq, puis de quatre et enfin de trois côtés.

4

PLANCHE 31.

Partage des triangles.

227. Figure 118.—*Partager un triangle donné ABC en deux parties équivalentes, par une droite parallèle à la base BC.*

Opération. 1° Du point D, milieu de l'un des autres côtés, soit AC, et d'un rayon DA, décrivons une demi-circonférence, et élevons le rayon DG perpendiculaire à CA; — 2° du point A et d'un rayon AG, décrivons un arc qui coupe AC en E; — 3° par cette intersection E, menons EF parallèle au côté BC; cette droite effectue le partage du triangle ABC en un trapèze et un triangle équivalents entre eux.

Observation. Si l'on voulait simplement diviser un triangle en deux triangles équivalents, il suffirait de mener une droite d'un angle quelconque au milieu du côté opposé pris pour base. Pour diviser en un nombre quelconque de parties équivalentes, on diviserait la base en autant de parties égales, et l'on joindrait chaque point de division avec le sommet.

228. Figure 119.—*Partager un triangle ABC en trois parties équivalentes par des droites parallèles à sa base BC.*

Opération. 1° Du point D, milieu de l'un des deux autres côtés, soit AB, décrivons une demi-circonférence;—2° divisons le côté AB en trois parties égales (de chacune 34^{mm}); à ces points de division E, G, élevons les droites EF, GH, perpendiculaires à AB, qui donnent sur la demi-circonférence les intersections F, H; — 3° du point A et d'un rayon AH, puis d'un rayon AF, décrivons deux arcs qui coupent le côté AB en K, I; — 4° par ces intersections, menons les droites IJ, KL, parallèles à la base BC, qui divisent le triangle ABC en trois parties équivalentes.

Observations. On opérerait d'une manière analogue pour diviser un triangle en un nombre quelconque de parties égales par des droites parallèles à sa base. — Si dans chacun des deux cas indiqués n°s 227 et 228, le partage devait être fait en parties proportionnelles à des nombres donnés, il

suffirait de diviser les côtés choisis en parties proportionnelles à ces nombres (voir n° 61 et fig. 19), au lieu de les
diviser en parties égales.

229. Figure 120. — *Partager un triangle ABC en trois
parties équivalentes, par des droites partant d'un point D
donné sur la base BC.*

Opération. 1° Par le sommet A et le point de partage D
donné sur la base BC, menons la droite AD ; — 2° divisons
la base BC en trois parties égales ; par les points de divisions E, F, menons les droites EG, FH parallèles à AD ; —
3° par les intersections G, H et le point D, menons les
droites DG, DH qui effectuent le partage demandé.

230. Figure 121. — *Partager un triangle ABC en trois
triangles équivalents, par des droites partant de chaque angle
et se réunissant en un même point à l'intérieur du triangle.*

Opération. 1° Divisons chaque côté en deux parties égales ;
— 2° par chaque point de division et l'angle opposé, menons une droite. Ces trois droites ne peuvent se rencontrer
qu'en un même point O qui sera le sommet commun des
trois triangles ; les trois segments OA, OB, OC de ces droites
effectuent le partage demandé.

PLANCHE 52.

Partage des surfaces en parties équivalentes.

231. Figure 122. — *Partager un triangle en un nombre
carré de triangles égaux, soit seize.*

Observation. Un nombre est *carré* lorsqu'il est le produit
d'un autre nombre multiplié par lui-même ; ainsi 16 est le
carré de 4. Le nombre qui multiplié par lui-même produit
le carré en est la *racine* ; ainsi 4 est la racine de 16.

Opération. 1° Divisons chaque côté du triangle en un
nombre de parties égales exprimé par la racine, ici quatre ;
— 2° par ces points deux à deux, menons des droites qui sont
nécessairement parallèles aux côtés : ces parallèles effectuent
le partage demandé.

232. Figure 123. — *Partager un trapèze ABCD en trois, en quatre trapèzes équivalents, par des droites menées d'un côté parallèle à l'autre.*

Opération. 1° Divisons chaque côté parallèle en trois, en quatre parties égales ; — 2° par les points de division correspondants deux à deux, menons des droites qui effectuent le partage demandé. Effectuons ici le partage par quatre : 20^{mm} pour chaque partie du côté inférieur, et 15^{mm} pour chaque partie du côté supérieur.

233. Figure 124. — *Partager un trapèze ABCD en deux parties équivalentes, par une droite menée d'un point du plus grand côté parallèle à l'une des extrémités de l'autre côté parallèle.*

Opération. 1° Faisons la somme des deux côtés parallèles, soit 80 + 60 = 140, et cherchons-en la moitié, soit 70^{mm} ; — 2° portons cette distance 70^{mm} sur le grand côté AB, à partir de l'une de ses extrémités, soit de A en F, soit de B en E ; — 3° menons une droite par l'un ou l'autre de ces points et l'angle opposé à celui dont il est le plus rapproché ; cette droite effectuera le partage demandé.

234. Figure 125. — *Partager un trapèze en deux parties équivalentes par une droite parallèle aux côtés parallèles.*

Opération. 1° A l'une des extrémités B du grand côté parallèle élevons une perpendiculaire BE égale au petit côté DC ; — 2° menons AE ; au point F, milieu de cette droite, élevons la perpendiculaire FG égale à FA ; — 3° du point A comme centre et d'un rayon AG, décrivons un arc GH ; — 4° par l'intersection H, menons HI parallèle à AD ; — 5° par le point I, menons la droite IJ parallèle aux deux côtés parallèles. Cette droite IJ opère le partage demandé.

235. Figure 126. — *Partager un polygone ABCDEFG en quatre parties équivalentes, par des lignes brisées partant de deux sommets opposés A, D.*

Opération. 1° Par tous les angles autres que les deux angles donnés A, B, menons des droites Gg, Bb.... parallèles entre elles ; — 2° divisons chacune de ces droites en quatre parties égales, et joignons par des droites tous les points de division correspondants.

PLANCHE 55.

Usages de l'équerre, des règles parallèles, du T.

236. Équerre. — L'équerre, employée en dessin pour mener graphiquement des parallèles ou des perpendiculaires, est une petite planchette fort mince (environ 2^{mm} d'épaisseur), dont le périmètre est un triangle toujours rectangle, mais scalène ou isocèle, suivant la nature de l'équerre. — L'équerre est dite *équerre longue*, lorsque le triangle est scalène, comme ABC, *fig.* 127, c'est-à-dire lorsque les deux côtés AB, BC de l'angle droit sont inégaux; dans ce cas, le grand côté BC est généralement de plus du double du petit côté AB. — L'équerre est dite *équerre à 45 degrés*, lorsque le triangle est isocèle, comme *def, fig.* 128; car alors les côtés *de, df* étant égaux, leurs angles opposés sont égaux et valent par conséquent chacun la moitié d'un angle droit, ou 45°. Cette équerre est surtout employée lorsque l'on a à mener les lignes servant à déterminer les ombres, qui, en dessin linéaire, sont portées à 45° (voir n° 306).

237. Figure 127. — *Vérifier l'exactitude de l'angle droit d'une équerre abc.*

Opération. 1° Appliquons le long d'une règle bien droite le petit côté AB de l'angle droit de l'équerre; — 2° traçons une droite *mn* le long du grand côté *bc* de l'angle droit; — 3° maintenons la règle bien exactement dans la même position, et retournons l'équerre de manière à lui faire prendre la position *abc*. L'équerre est juste si les côtés BC, *bc* coïncident avec la droite *mn*; elle est fausse si ces deux côtés ne coïncident pas, comme par exemple s'ils prennent les directions MC, *mc*.

238. Figure 128. — *Par un point donné C d'une droite AB mener à l'équerre une perpendiculaire à cette droite.*

Opération. 1° Plaçons l'un des côtés *ef* de l'angle droit de l'équerre le long de la droite donnée AB, l'autre côté *de* étant placé au-dessus du point C, puis appliquons le bord d'une règle le long de l'hypoténuse *df*; — 2° faisons glisser l'équerre le long de la règle jusqu'à ce qu'elle vienne prendre la position DEF, son côté DE passant par le point C, et menons la perpendiculaire demandée le long du côté DE.

239. Figure 128. — *Par un point donné G, mener à l'équerre une parallèle à la droite* AB.

Opération. 1° Plaçons l'équerre comme précédemment ; — 2° faisons-la glisser le long de la règle jusqu'à ce que le côté EF passe par le point donné G, et menons la parallèle demandée le long de ce côté EF.

Observation. La pratique fait connaître très-promptement tous les divers usages de l'équerre ; il serait donc oiseux de les décrire ici.

240. Règles parallèles. — Les règles parallèles, dont les *fig.* 129 et 130 font suffisamment connaître la disposition, présentent un grand avantage lorsque l'on a des parallèles nombreuses et rapprochées à mener. Un seul exemple est suffisant pour le démontrer :

241. Figures 129 et 130. — *Mener des parallèles à droite de* AB.

Opération. 1° Rapprochons les deux règles comme *fig.* 129, et faisons coïncider le côté droit de la règle N avec la droite AB ; — 2° maintenons en place la règle M avec la main gauche, écartons progressivement la règle N avec la main droite et menons des parallèles, chaque fois que besoin est, le long du côté droit de la règle N.

Observations. On voit, par la *fig.* 130, que les règles, d'après leur disposition présente, ne peuvent s'écarter que de la largeur de la règle N ; si l'on avait à continuer le tracé des parallèles, on maintiendrait la règle N en place, et l'on en rapprocherait la règle M pour continuer. On pourrait augmenter le champ d'opération si les règles étaient plus longues et plus larges, et en rapprochant les pivots des bords intérieurs, au lieu de les placer au milieu de la largeur, comme ici.

242. Planchette à dessin. — Lorsqu'un dessin doit être lavé, ou lorsque son tracé doit être long, il est nécessaire de coller la feuille de papier sur une planchette à dessin.

Cette planchette doit être parfaitement plane, ne pas avoir d'intervalles entre les parties qui la composent et avoir ses bords aussi droits que possible.

Opération du collage sur planchette. 1° Mouillons une première fois le verso de la feuille de papier, avec une éponge très-douce, en allant d'abord horizontalement puis verticalement, sans laisser de place entre les coups d'éponge, afin de mouiller bien uniformément, mais en respectant les bords qui doivent être moins mouillés que le reste ; attendons une ou deux minutes, mouillons les quatre coins, puis repassons l'éponge partout, y compris les bords, en ayant soin de ne pas laisser d'eau superflue ; — 2° retournons la feuille, posons la main à plat au centre, et dirigeons-la en appuyant légèrement, successivement vers le milieu de chaque bord, puis vers chaque angle ; — 3° posons une règle plate sur la feuille, le long d'un de ses grands côtés, en laissant dépasser le bord d'un centimètre au plus ; — 4° relevons ce bord et passons sur la partie relevée, à plusieurs reprises, la colle à bouche préalablement mise à fondre dans la bouche ou dans l'eau chaude, en ayant soin de ne pas trop appuyer sur le pli qui se trouve le long de la règle, pour ne pas trancher le papier ; — 5° rabattons le bord enduit de colle en poussant dessus la règle sur laquelle on opère une pression dans toute sa longueur ; — 6° relevons la règle, remplaçons-la par une bande de papier fort, et frottons longitudinalement sur cette bande avec un objet uni, ou plutôt un décime mis à plat et sur lequel on appuie fortement ; — 7° collons de même le bord parallèle au premier, puis les deux autres, en agissant rapidement, afin que la feuille ne sèche pas et par suite ne se contracte pas avant que les quatre côtés ne soient collés ; — 8° posons la planchette à plat et surveillons-la pendant qu'elle sèche et se tend, afin de remettre immédiatement de la colle aux endroits qui viendraient à ne pas adhérer à la planchette : ne faisons jamais sécher au soleil ou devant le feu, ce qui nous exposerait à voir notre feuille se fendre.

Observation. On commence par coller les deux grands côtés, parce qu'ils se distendraient plus que les petits si l'on commençait par ces derniers.

243. Figure 131. — *Usages de la planchette, du T et de l'équerre.*

Le T est composé : 1° d'une règle plate CD; 2° d'une tête AB, dont l'épaisseur dépasse en dessous celle de la règle, ce qui permet d'y pratiquer une rainure dont le fond vient s'appuyer le long du bord de la planchette, tandis que la règle et la partie de la largeur de la tête de même épaisseur que la règle portent à plat sur la planchette.

Opération. 1° Appuyons le long de l'un des bords *ab* de la planchette le fond de la rainure pratiquée en dessous d'une partie de la largeur de la tête AB, et faisons glisser, pour mener toutes les horizontales le long de la règle CD; — 2° appuyons le petit côté de l'angle droit de l'équerre et faisons-le glisser le long de la règle afin de mener les verticales.

Observation. Si les bords de la planchette formaient un rectangle exact, on pourrait se servir du T pour mener les horizontales et les verticales; mais comme les deux côtés opposés ne sont eux-mêmes presque jamais parallèles, il est nécessaire de n'appuyer la tête du T que le long d'un même bord de la planchette, soit le côté à gauche du cadre, pendant toute l'exécution d'un dessin.

PLANCHE 34.

Réductions graphiques.

244. On entend par *réduction* un ensemble d'opérations à l'aide desquelles on construit une figure semblable à une autre, mais dans des proportions plus petites. Par extension, l'on donne le nom de réduction à une copie plus grande que l'original. Ces opérations s'effectuent d'après les rapports linéaires ou d'après les rapports superficiels, au moyen des théories géométriques, ou d'après des procédés graphiques. Certains instruments, tels que les échelles de proportion, les compas de réduction ou de proportion, le pantographe, etc., sont d'un grand secours dans ces divers genres d'opération.

245. Figures 132 et 133 .— **Échelle de proportion.** — On nomme échelle de proportion décimale ou *échelle des*

4.

dixmes, une figure rectangulaire dans laquelle sont tracées un certain nombre de lignes, disposées de telle sorte qu'une partie de l'une de ces lignes étant adoptée pour unité, on peut prendre au compas sur une autre partie de ligne une dimension égale à un nombre donné d'unités ou de dixièmes d'unité.

246. Le titre d'une échelle dépend du nombre de fois que l'unité réelle contient l'unité fictive prise pour la représenter. Ainsi, par exemple, si, traçant le plan d'une construction, nous convenons de représenter la longueur de 1 mètre par celle de 1 décimètre, notre réduction sera effectuée au dixième des dimensions linéaires réelles et notre échelle aura pour titre : échelle de 1 à 10.

247. Une même échelle peut changer de titre, ainsi que nous le verrons après avoir construit les échelles représentées par les *fig.* 132 et 133.

Construction. 1° Traçons le rectangle ABCD ; — 2° divisons sa hauteur AD en 10 parties égales, ici 4^{mm} par division, et menons les horizontales *ab, cd, etc.* ; — 3° pointons sur AB, de A en E, dix divisions de chacune 5^{mm}, et de B en N, dix divisions de chacune 4^{mm} ; opérons de même sur DC ; — 4° à chaque point de division élevons une verticale ; du pied de chaque verticale menons une oblique au sommet de la verticale voisine, et cela toujours dans un même sens ; — 5° aux points J, H, L, déterminés par les mesures cotées, élevons des verticales.

Observation. Les échelles de proportion sont ordinairement construites sur des règles en bois ou en cuivre ; mais, à défaut d'une de ces règles, le dessinateur peut les tracer sur une bande de papier fort ou de carton mince et uni. Il est sous-entendu que la règle ou la bande de papier doit déborder tout autour de l'échelle de quelques millimètres au moins.

248. *Usages.* — Le segment AE *(fig.* 132) étant choisi pour représenter un mètre, chacune de ses divisions Ae, ef....., représentera un décimètre. Les obliques A*m*, *en*....., divisent en parties proportionnelles les segments d'horizontales

compris entre deux verticales consécutives, de telle sorte
que : sur la première horizontale *ab*, les segments *ao*, *or*....,
sont partagés chacun par les obliques en deux parties dont
celle à gauche de l'oblique équivaut à un dixième et celle à
droite à 9 dixièmes de décimètre, soit donc à gauche 1 décimètre, à droite 9 décimètres. Sur la seconde horizontale
cd, les segments seront partagés en 2 dixièmes à gauche,
8 dixièmes à droite; sur la troisième en 3 dixièmes à gauche,
7 à droite, etc.

Soit à prendre au compas, sur cette échelle, une distance
de 1ᵐ,35 centimètres; nous placerons notre première pointe
de compas en un point O de l'horizontale sur laquelle les
segments sont de 5 centimètres, et notre seconde pointe en *o*.
La distance O5 représente un mètre; la distance 5s représente trois décimètres; la distance *so* représente 5 centimètres; donc la distance totale O*o* représente 3ᵐ,35. La
distance O*o'*, prise à droite, répond également à la question,
mais avec un changement d'échelle.

Nous avons pris la distance AE (*fig.* 132) de 5 centimètres
pour représenter un mètre; or en 100 centimètres ou un
mètre il y a 20 fois 5 centimètres; le titre de notre échelle
sera donc de 1 à 20. Si nous prenons AE pour représenter
10 mètres, notre échelle sera de 1 à 200; si AE représente
100 mètres, l'échelle est de 1 à 2000.

Le segment NB (*fig.* 133) de 4 centimètres, représentant
1 mètre, la distance O*o'* représente 1ᵐ,35, ainsi que nous
venons de le dire, mais à l'échelle de 1 à 25; si NB est pris
pour 10 mètres, O*o'* représente 13ᵐ,5 et le titre est de 1 à
250; si NB représente 100 mètres, le titre est de 1 à 2500;
si NB représente 200 mètres, le titre est de 1 à 5000.

249. Figure 136. — **Compas de réduction.** — Le compas
de réduction est composé de deux branches AB, CD, ouvertes
longitudinalement par une *coulisse*. Dans ces deux coulisses
sont engagées deux petites languettes *a*, *b* appelées coulis-
seaux, réunies par un bouton *o*, autour de l'axe duquel elles
peuvent se mouvoir circulairement. Ce bouton et les cou-
lisseaux se déplacent à volonté lorsque le compas est fermé;
lorsque le compas est ouvert, le centre *o* du bouton devient
le sommet de deux angles opposés A*o*C, D*o*B qui interceptent
entre les extrémités de leurs côtés des cordes AC, DB, pro-

portionnelles avec les côtés ; c'est-à-dire que si les côtés Ao, Co sont doubles des côtés oD, oB, la corde AC est double de la corde BD. Lorsque l'on veut préparer son compas pour établir une proportion donnée entre les segments de ses branches, il faut le fermer en faisant entrer le petit bouton c dans l'échancrure e, afin que les pointes coïncident bien exactement deux à deux.

Construction. 1° Menons les droites d'axes des branches AB, CD ; — 2° menons des parallèles à ces droites d'après les mesures cotées qui, dans le sens de la largeur, partent de la verticale de construction.

250. Figure 138. — **Compas de proportion.** — Le compas de proportion, qui ressemble au premier abord à l'ancien pied de roi, est composé de deux règles réunies par une charnière circulaire, dont le centre B est le sommet de l'angle ABC formé par les deux bords intérieurs AB, BC. Ces deux bords intérieurs sont divisés, à partir du sommet B, en un certain nombre de parties égales, qui coïncident exactement lorsque le compas est fermé. Lorsque l'on ouvre le compas, les droites, telles que *ab*, *cd*, comprises chacune entre deux divisions de même ordre, sont entre elles dans la proportion des nombres entre lesquels elles sont comprises. Ainsi *ab* étant comprise entre les divisions 20 ; *cd* étant comprise entre les divisions 40, ces droites sont entre elles comme 20 est à 40, c'est-à-dire que *ab* est moitié de *cd*. Si l'on voulait avoir une ligne dont *ab* ne serait que les deux cinquièmes ou les 20 cinquantièmes, on ouvrirait le compas de telle sorte que la droite donnée *ab* soit interceptée par l'angle d'ouverture entre les nombres 20, et l'on prendrait pour ligne demandée la droite *ef* comprise entre les deux divisions 50.

Construction. 1° Décrivons la circonférence B représentant la charnière ; — 2° ouvrons l'angle ABC et menons trois parallèles à chacun de ses côtés ; — 3° traçons les divisions des côtés à partir du sommet B, en prenant 2 millimètres pour chacune.

251. Figure 137. — **Pantographe.** — Le pantographe est un instrument dont on se sert peu durant le cours d'étude du dessin, mais qui présente de grands avantages dans la pra-

tique, par suite de la rapidité et de la précision avec lesquelles il permet d'opérer. Il est composé de quatre règles
qui peuvent s'écarter ou se rapprocher à volonté, mais qui
sont toujours maintenues parallèles au moyen de quatre petits axes. A trois de ses points sont adaptés : 1° en *a*, une
pointe errante ou *calquoir*; 2° en *b*, une pointe pivotante en
un même point, où elle est maintenue par un pivot assez
lourd; 3° en *c*, un crayon. Le calquoir et le crayon peuvent
être changés de place, suivant que l'on veut augmenter ou
diminuer un dessin dans la reproduction. Admettons que la
droite *ab* soit double de *bc* : si l'on veut reproduire un dessin
à moitié de ses dimensions, on mettra le calquoir au point *c*
et le crayon au point *a*; prenant le calquoir *c* par son extrémité supérieure, on fera suivre à sa pointe tous les contours
que l'on veut reproduire. Le mouvement ainsi imprimé
aux quatre règles fera décrire au crayon un parcours semblable à celui du calquoir, mais dans des proportions
moitié plus petites. Si l'on veut, au contraire, reproduire
le dessin au double de ses dimensions, on mettra le calquoir
en *a* et le crayon en *c*.

Construction. 1° Traçons les droites AB, BC et la droite
ac; — 2° menons FG parallèle à AB, et ED parallèle à BC;
— 3° menons de chaque côté des parallèles à ces lignes
d'axe, à 3 millimètres l'une de l'autre.

252. Figures 134 et 135. — Treillis ou Quadrillé. — Le
treillis est un ensemble d'horizontales et de verticales uniformément espacées entre elles, que l'on trace sur le modèle et
sur la feuille qui doit servir à la copie, ce qui donne de nombreux points de repère. Pour ne pas détériorer le modèle, ou
en cas d'impossibilité de tracer le quadrillé dessus, on se
sert parfois d'un cadre en bois sur les côtés duquel sont ten-
dus des fils qui vont horizontalement et verticalement d'un
côté à l'autre. On peut, à l'aide du treillis, reproduire dans
les mêmes dimensions ou opérer des réductions. Si par
exemple on voulait reproduire au double de la superficie un
dessin dont le quadrillé occupe le rectangle ABCD, *fig.* 134,
il faudrait prendre DE égale à DC, BF égale à BC, et mener
la droite EF. Cette droite est composée des hypoténuses
des deux triangles rectangles isocèles CDE, CBF. On construit le rectangle GHIJ, *fig.* 135, en lui donnant pour petits

côtés l'hypoténuse CE, et pour grands côtés l'hypoténuse CF;
on divise ces côtés en un même nombre de parties égales que
leurs homologues du rectangle ABCD, puis on joint ces
points de division par des horizontales et des verticales.

PLANCHES 55, 56.

Notions sur les plans et les projections.

253. **Plan.** — Un plan est une surface plane, sans limites
fixées. Un plan est *déterminé :* soit par deux droites parallèles ; soit par deux droites qui se coupent ou se rencontrent ;
soit par une droite et un point situé en dehors de cette droite ;
soit enfin par trois points non en ligne droite. En effet, on
ne peut faire passer qu'un seul et même plan par trois points
non en ligne droite, et ce dernier cas résume tous les autres.
On dit alors que ces points ou ces droites sont situés ou
compris dans un même plan.

254. **Plans de projection.** — Dans la représentation géométrique des corps, on ne tient aucun compte de la réduction apparente causée par l'éloignement des objets, mais bien
de celle qui résulte de la position des lignes et des surfaces
par rapport à deux plans principaux que l'on nomme *plans de
projection*. Ces deux plans sont : le *plan d'horizon* ou plan
horizontal dans lequel est situé le rayon visuel, et le *tableau*
ou plan vertical auquel le rayon visuel est perpendiculaire.
On les nomme généralement *plan horizontal* et *plan vertical,* quoique ces deux expressions ne les désignent pas suffisamment.

255. Nous avons dit qu'un plan est une surface plane sans
limites. Pour les démonstrations, on est obligé de leur donner des formes et des dispositions de convention, dont voici
quelques exemples.

256. Figure 139. — Le parallélogramme ABCD peut être
considéré comme représentant un plan vertical, et le parallélogramme EFGH comme représentant un plan horizontal.
La construction ne présente aucune difficulté.

257. Figure 140. — Le rectangle CDEF représentant un plan parallèle au tableau, s'il vient à pivoter sur lui-même autour de la ligne AB, il occupera successivement diverses positions représentées par les parallélogrammes *aaa*, *bbb*...., dont le quatrième angle est caché. La droite AB peut encore être considérée comme étant l'intersection de deux ou de plusieurs plans. — Toute droite comprise en même temps dans deux plans, doit être considérée comme étant la trace de leur intersection.

Opération. 1° Menons la verticale AB et les horizontales CF, DE; — 2° élevons les verticales cotées, et déterminons leurs points d'intersection avec des ellipses au moyen d'une règle en papier (voir n° 206, fig. 100); — 3° par ces points d'intersection, deux à deux, menons des droites passant toutes par l'un des points A ou B.

258. Figure 141. — Le parallélogramme ABCD représente un plan vertical, et les parallélogrammes EFGH, IJKL, deux plans horizontaux et par conséquent parallèles.

259. Figure 142. — Le rectangle ABCD représente le tableau ; le parallélogramme EFGH, un plan vertical perpendiculaire au tableau; le parallélogramme IJKL, un plan horizontal, nécessairement perpendiculaire au tableau. Pour représenter un plan vertical perpendiculaire au tableau, il suffit que les côtés EF, GH admis comme perpendiculaires soient parallèles aux côtés IJ, KL du plan horizontal, supposés aussi perpendiculaires au tableau. L'intersection MN des deux plans de projection, ABCD tableau, IJKL plan horizontal, porte le nom de *ligne de terre*.

260. Considérons maintenant les diverses formes que prend un carré d'après les principales positions qu'il peut occuper par rapport aux deux plans de projection. Ces positions sont au nombre de quatre.

261. Figures 143 et 144. — *Le carré ABCD étant parallèle au tableau,* il apparaît et on le représente dans sa vraie grandeur. Dans ce cas, il est nécessairement perpendiculaire au plan d'horizon, mais il peut avoir : ou deux côtés horizontaux et deux verticaux, comme (*fig.* 143), ou ses quatre côtés obliques au plan d'horizon, comme (n° 271, *fig.* 144).

262. Figure 143. — *Perpendiculaire au tableau*, un carré doit nécessairement apparaître sous la forme d'une *droite: horizontale* AD, s'il est horizontal; *verticale* CD, s'il est vertical; *oblique* BI, s'il est oblique au plan d'horizon.

263. Figure 143. — *Oblique au tableau et perpendiculaire au plan d'horizon*, le carré apparaît sous la forme d'un rectangle CDEF, conservant la hauteur du carré, mais d'autant moins large qu'il est plus près d'être perpendiculaire au tableau. Dans ce cas, deux de ses côtés restent verticaux et deux horizontaux.

264. Figure 143. — *Oblique aux deux plans de projection*, *tout en conservant deux côtés horizontaux*, les deux autres côtés du carré sont nécessairement obliques, et cependant il apparaît sous la forme d'un rectangle ADGH ayant la longueur du carré, mais d'autant moins haut qu'il est plus près d'être horizontal.

265. **Perspective géométrique.** — La représentation, par une ligne droite, d'un carré perpendiculaire au tableau, et celle, par un rectangle, d'un carré oblique, rendrait souvent inintelligibles les figures représentant les relations des plans entre eux ; pour obvier à cet inconvénient, on a recours à une projection de convention nommée *perspective géométrique*. Voici en quoi elle consiste : 1° Tout plan horizontal, ainsi que tout autre plan perpendiculaire au tableau est représenté comme lui étant oblique (n°ˢ 256, 258, 259, et *fig.* 139, 141, 142) ; — 2° toutes les droites perpendiculaires au tableau, et par conséquent parallèles entre elles, sont représentées par des obliques parallèles entre elles. — Les côtés horizontaux ou verticaux parallèles au tableau sont représentés par des horizontales ou des verticales.

266. Figure 143. — En perspective géométrique, le carré ABCD devenant horizontal, sera représenté sous la forme d'un parallélogramme AD*da*, au lieu de la droite AD qui serait sa projection réelle. Si, restant vertical, ce même carré

devient perpendiculaire au tableau, il sera représenté sous
la forme d'un parallélogramme CD*dc*, au lieu de la droite CD.

Observation. On remplace les rectangles CDEF, ADGII par
des parallélogrammes CD*dc*, AD*da* : 1° pour éviter la confusion des lignes : ainsi AB et AII sembleraient ne former qu'une
seule droite verticale ; — 2° pour faciliter la représentation
des solides. Si par exemple on avait à représenter les trois
faces d'un cube concourant à la formation de l'angle trièdre D
(voir n° 268), les rectangles ADGH, CDEF n'auraient pas de
côté commun, ce qui est indispensable, tandis que les parallélogrammes AD*da*, CD*dc* ont le côté commun D*d*.

267. Figure 143. — Règles générales. — *Dans les projections en perspective géométrique :*
1° Les surfaces parallèles au tableau sont représentées en
vraie grandeur ;
2° Les rectangles perpendiculaires au tableau sont représentés par des parallélogrammes;
3° Les horizontales parallèles au tableau sont représentées
par des horizontales ;
4° Les horizontales perpendiculaires au tableau qui, en
vraie projection, n'apparaîtraient que sous la forme d'un
point, sont représentées par des obliques A*a*, D*d*, C*c*, parallèles entre elles;
5° Les horizontales obliques au tableau sont représentées
par des obliques non parallèles aux obliques représentant les
horizontales perpendiculaires;
6° Les verticales ne changent pas.

268. Angles polyèdres. — On nomme angle polyèdre un
angle formé par la rencontre de plusieurs surfaces. Il est
dièdre, lorsqu'il est formé par la rencontre de deux surfaces,
comme ABCII (*fig.* 139); *trièdre,* lorsqu'il est formé par la
rencontre de trois surfaces, comme l'angle O (*fig.* 142);
tétraèdre, pentaèdre...., lorsqu'il est formé par la rencontre
de quatre, de cinq.... surfaces.

269. Figure 145. — Ligne de pente. — L'angle linéaire
ABC exprimant la mesure d'un angle dièdre formé par l'intersection d'un plan horizontal et d'un plan oblique à ce plan,

mais perpendiculaire au tableau : 1° l'un des côtés BC de l'angle donné sera parallèle aux côtés horizontaux KN, LM, du plan horizontal ; — 2° le second côté AB de l'angle donné est appelé *ligne de pente*, et l'angle ABP qu'il forme avec la verticale BM détermine cette pente ; deux des côtés DE, FG du plan oblique, lui seront parallèles ; — 3° l'intersection IJ et les deux autres côtés DG, EF du plan oblique seront parallèles aux côtés du plan horizontal KL, MN qui sont perpendiculaires au tableau.

Opération. 1° Menons les horizontales et les obliques déterminées par les cotes ; — 2° menons la verticale PB et la ligne de pente AB formant avec PB un angle donné de 30° ; — 3° par les extrémités I, J de la droite d'intersection, menons GF, ED parallèles à AB ; — 4° par les points G, E, menons GD, EF parallèles à IJ.

270. Figure 146. — Si le plan oblique au plan d'horizon était en même temps oblique au tableau : 1° l'intersection IJ et les deux côtés DG, EF qui lui sont parallèles cesseront d'être parallèles aux côtés du plan horizontal KL, MN qui sont perpendiculaires au tableau ; — 2° l'angle *aBb* formé par la droite d'intersection IJ, et par une droite B*b* parallèle aux côtés KL, MN, détermine l'obliquité par rapport au tableau, tout comme l'obliquité par rapport au plan d'horizon est déterminée par l'angle ABG.

Opération. Suivre la marche de l'opération du numéro précédent ; la direction de la droite IJ et celle de ses parallèles EF, GD est déterminée par l'angle *aBb*.

271. Figure 144. — *Obtenir la vraie projection d'un carré parallèle au tableau, dont les côtés sont obliques au plan d'horizon.*

Soit donné le côté BC oblique au plan d'horizon de 60°.

Opération. 1° Du point B, décrivons une demi-circonférence *mn* ayant le côté du carré pour rayon, et élevons la verticale B*b* ; — 2° du point *n* et du même rayon décrivons un arc en C ; — 3° du point *i* et du même rayon, décrivons un arc en A ; — 4° menons le côté BA et le côté BC ; — 5° des points A, C et d'un rayon AB, décrivons des arcs en D et menons les côtés AD, DC.

Observation. Le rayon de la circonférence, porté de *n* en C et de *i* en A, est un cas particulier à l'angle de 60° (voir division de la circonférence en 6 parties égales, n° 162 et *fig*. 63); mais, quelle que soit l'inclinaison de AB, l'angle CB*n* sera toujours égal à l'angle AB*i*.

272. Figure 144. — *Obtenir la projection du carré ABCD devenant oblique aux deux plans de projection, de manière à former un angle de 35° avec le plan d'horizon.*

Opération. 1° Menons l'horizontale FG représentant la ligne de terre *mn*, et l'oblique EF formant avec elle l'angle d'inclinaison donné de 35°; — 2° de chacun des sommets A, B, C, D du carré, menons une horizontale et une verticale; — 3° portons les distances *mo*, *mr*, *ms* sur FE, à partir de F, et par les points *o'*, *r'*, *s'* ainsi obtenus, menons des horizontales, dont les intersections avec les verticales élevées des angles A, B, C, D, déterminent les projections de ces angles en *a*, *b*, *c*, *d*.

Solides en général.

273. Définitions. — On donne le nom de *solide* ou *corps* à tout objet considéré sous ses trois dimensions : longueur, largeur, épaisseur. Il y en a de deux sortes : les polyèdres et les corps ronds. — On nomme *section* toute coupe d'un solide, et *développement* la représentation plane de toute sa surface

274. Les *polyèdres* sont les solides dont la surface est entièrement composée de polygones rectilignes qui prennent les noms de *bases* ou de *faces*. Les polyèdres dont on s'occupe principalement en dessin géométrique sont : le prisme, la pyramide, les cinq polyèdres réguliers.

275. Le *prisme* (*pl*. 37) a deux polygones rectilignes pour bases, et pour faces latérales autant de quadrilatères que ses polygones de base ont de côtés. Il est *régulier*, si ses bases sont des polygones réguliers égaux ; *droit*, si ses faces latérales sont perpendiculaires aux bases; *oblique*, si ses faces latérales sont obliques aux bases ; *tronqué*, si ses bases sont obliques entre elles; *triangulaire. quadrangulaire*, *pentagonal*...., suivant que ses polygones de base sont des triangles, des quadrilatères, des pentagones.... Sa *hauteur* est la perpendiculaire menée d'une base à l'autre, lorsqu'elles sont parallèles. Le prisme prend le nom de *parallélipipède* lorsque ses bases, ainsi que ses faces, sont des parallélogrammes.

276. La *pyramide* (*pl.* 38) n'a qu'une seule base; ses faces latérales sont des triangles qui ont un sommet commun; sa *hauteur* est la perpendiculaire abaissée du sommet sur la base; son *axe* est la droite menée du sommet au centre de la base.—Elle est : *droite*, quand l'axe est perpendiculaire à la base, et qu'il se confond par conséquent avec la ligne de hauteur; *oblique*, quand l'axe est oblique à la base; *tronquée*, lorsqu'elle est privée de son sommet par une section qui lui constitue une seconde base; *triangulaire, quadrilatère*.... suivant le nombre des côtés du polygone de base.

277. Les *polyèdres réguliers* (*Pl.* 43 et 44) sont des solides dont les surfaces sont composées de polygones réguliers entre eux. Il y en a cinq et l'on ne peut en obtenir d'autres, quels que soient l'espèce, le nombre et la disposition des polygones que l'on emploie. Les cinq polyèdres réguliers sont :

Le *tétraèdre* (*fig.* 178, 179, 180), qui a 4 triangles pour surface :
L'*hexaèdre* ou cube (*fig.* 189). . . 6 carrés *id.*
L'*octaèdre* (*fig.* 181, 182, 183). . . 8 triangles *id.*
Le *dodécaèdre* (*fig.* 184, 185, 186). 12 pentagones *id.*
L'*icosaèdre* (*fig.* 187, 188). . . . 20 triangles *id.*

Pour les développements des polyèdres, voir *pl.* 41 et 42.

278. Les *corps ronds* sont ceux dont la surface n'est pas composée de polygones rectilignes; en géométrie on en considère trois principaux : le *cylindre*, le *cône*, la *sphère*.

279. (*Pl.* 39.) Le *cylindre régulier* a deux cercles égaux et parallèles pour *bases*, et pour *axe* comme pour *hauteur* la droite menée par les deux centres de ses bases. Sa *surface latérale* peut être considérée comme étant composée d'un

nombre illimité de perpendiculaires menées de tous les points de la circonférence d'une base à l'autre. Le développement de cette surface latérale est un rectangle ; ainsi par exemple, un crêpe entourant un chapeau constitue la surface latérale d'un cylindre, et développé il forme un rectangle. — L'hélice, dont nous avons parlé n° 198, est une courbe tracée sur la surface latérale d'un cylindre, et dont tous les points successifs s'éloignent d'une quantité constante de la circonférence de base inférieure du cylindre.

280. (Pl. 40.) Le *cône régulier* n'a qu'une base qui est un cercle ; il a pour *axe* et pour *hauteur* la perpendiculaire menée du centre de la base au sommet. Sa surface latérale est composée d'une infinité de droites nommées *génératrices*, menées de chaque point de la circonférence au sommet du cône. Le développement de cette surface latérale est un cercle, moins un segment ; ainsi par exemple, pour faire un abat-jour, on tracera une circonférence et l'on retranchera une partie du cercle qu'elle entoure, plus un petit cercle au centre pour le passage du verre, ce qui n'est autre chose qu'une section du cône perpendiculaire à l'axe et parallèle à la base. Nous ne parlerons pas ici des autres sections coniques qui nous entraîneraient trop loin.

281. La *sphère* est un solide dont tous les points de la surface sont équidistants d'un point intérieur nommé centre. — Toute *section* de sphère a un cercle pour surface.

PLANCHE 57.

Projections d'un prisme régulier.

282. Figures 147 et 148. — **Prisme droit.** — *L'hexagone régulier ABCDEF étant l'une des bases d'un prisme droit et, par conséquent, ses bases étant horizontales, deux de ses côtés BC, EF, et par suite les deux faces latérales qu'ils représentent en projection horizontale étant parallèles au tableau, obtenir la projection verticale du prisme.*

Observations. Dans cette planche comme dans les trois suivantes, la verticale de construction du cadre en devient l'horizontale. L'hexagone ABCDEF représente la projection horizontale ou le *plan* du prisme. Par suite des données, deux des verticales B*b'* C*c'*, passant chacune par deux sommets d'angles du plan, représenteront en projection verticale ou en *élévation* chacune deux arêtes; de même chacun des trois rectangles de l'élévation représente deux faces latérales; il n'en serait pas ainsi, si les côtés BC, EF cessaient d'être parallèles au tableau, comme *fig.* 151.

Opération. — *Projection horizontale, fig.* 148. 1° Menons le diamètre horizontal AD prolongé jusqu'en *s* et le diamètre vertical prolongé jusqu'en *o'*, tous deux déterminés par les cotes; — 2° l'hexagone étant donné de 28mm de côté, traçons la circonférence circonscrite d'un rayon de 28mm; du même rayon et de chacune des extrémités A, D, du diamètre horizontal, traçons deux arcs qui coupent la circonférence en B, F, C, E, et traçons les côtés de l'hexagone. — *Projection verticale, fig.* 147. 1° Traçons la ligne de terre TT (horizontale à 20mm au-dessous de l'horizontale de construction); — 2° de chaque sommet d'angle du plan élevons une verticale; — 3° prenons sur deux de ces verticales *aa'*, *dd'*, la hauteur donnée du prisme (soit 80mm à partir de la ligne de terre, ou 60mm à partir de l'horizontale de construction); — 4° par les points *a'*, *d'*, ainsi obtenus, menons l'horizontale *a'd'*, qui représente la base supérieure du prisme, tout comme *ad* représente la base inférieure, ces deux surfaces étant perpendiculaires au tableau.

283. Figures 149 et 150. — **Prisme oblique à un seul plan de projection.** — *Obtenir les deux projections du même prisme (n° 281), ses bases devenant obliques de 27° au plan d'horizon, mais ses faces latérales restant dans la même position par rapport au tableau, et les arêtes lui restant parallèles en élévation.*

Opération. — *Projection verticale, fig.* 149. 1° Menons la droite GI formant avec la ligne de terre l'angle donné de 27° et de même longueur que la base *ad* de la *fig.* 147, soit 56mm à partir de G; — 2° sur cette droite GII, construisons la figure GIHJ égale à la *fig.* 147, en commençant par mener JK parallèle à GI, et en élevant *ef* perpendiculaire au milieu de GH. — *Projection horizontale* (*fig.* 150). 1° De chacun des angles C, D, E, de la *fig.* 148, menons une horizontale, et de chacun des angles de la *fig.* 149, abaissons une verticale ; les intersections de ces droites déterminent les angles de la *fig.* 150.

Observation. La pratique fera promptement reconnaître ceux des points d'intersection qu'il faut choisir; chacun de ces points résulte de l'intersection de deux lignes provenant d'un même point dont il est la projection , soit directement , soit par une succession de lignes ayant ce même point de départ. Ainsi (*fig.* 150), le point M est la projection du point A (*fig.* 148) , en même temps que celle du point J (*fig.* 149); or le point J est la projection du point *a'* qui est lui-même une projection du point A. On pourra de même suivre l'origine des points *b* (*fig.* 151), qui sont les projections du point B (*fig.* 148).

284. Figures 151 et 152. — **Prisme oblique aux deux plans.** — *Obtenir les deux projections du même prisme (n°⁸ 282 et 283), ses bases étant, comme précédemment, obliques de 27° au plan d'horizon, mais les faces latérales qui étaient parallèles au tableau lui devenant obliques de 17°.*

Opération. — *Projection horizontale* (*fig.* 152). 1° Menons la ligne RU formant un angle de 17° avec la ligne As, parallèle à la ligne de terre, et donnons à chacun de ses segments RS, SU, la moitié de la longueur de la ligne LP (*fig.* 150); — 2° sur cette droite, construisons la *fig.* 152 égale à la *fig.* 150, en commençant par mener *mn* perpendiculaire au milieu de RU. — *Projection verticale* (*fig.* 151). 1° De chacun des angles de la *fig.* 149, menons une horizontale, et élevons une verticale de chacun des angles de la *fig.* 152 : les intersections de ces droites nous détermineront la *fig.* 151.

PLANCHE 58.

Projections d'une pyramide régulière.

285. Figures 153 et 154. — **Pyramide droite.** — *Obtenir la projection verticale d'une pyramide droite dont l'hexagone régulier ABCDEF (*fig.* 154) est la base; deux des côtés, BC, EF de cet hexagone étant parallèles au tableau.*

Observation. L'hexagone ABCDEF et les diagonales AD, BE. CF de la circonférence circonscrite représentent le plan de la pyramide ; le point O est le sommet auquel viennent se terminer les arêtes latérales AO, BO..., en même temps que la projection de l'axe qui est vertical et, par suite, parallèle au tableau. Les opérations de construction de cette planche et des deux suivantes sont analogues à celles de la précédente.

Opération. — *Projection horizontale (fig.* 154). 1º Menons le diamètre horizontal AD prolongé jusqu'en s, puis le diamètre vertical prolongé jusqu'en o', tous deux déterminés par les cotes ; — 2º construisons l'hexagone dont le côté est donné de 30^{mm}, et menons les diagonales. — *Projection verticale (fig.* 153). 1° Prenons l'horizontale de construction pour ligne de terre TT ; — 2° donnons à l'axe Oo' la hauteur donnée de la pyramide, soit 80^{mm} ; — 3° de chacun des angles A, B, C, D, du plan, élevons une verticale, et de chaque point a, b, c, d, ainsi obtenu, menons une droite au sommet o'.

286. Figures 155 et 156. — **Pyramide oblique à un seul plan de projection.** — *Obtenir les deux projections de la même pyramide (nº 285), sa base devenant oblique de 45º au plan d'horizon, mais l'axe restant parallèle au tableau.*

Opération. — *Projection verticale (fig.* 155). 1º Menons la droite GI, formant avec la ligne de terre l'angle donné de 45º, et de même longueur que la base ad de la *fig.* 153, soit 60^{mm} à partir de G ; — 2º sur cette droite GH, construisons la *fig.* GIH, égale à la *fig.* 153, en commençant par mener IJ perpendiculaire au milieu de GH, et en lui donnant la hauteur de l'axe oo'. — *Projection horizontale (fig.* 156). De chacun des angles C, D, E (*fig.* 154), menons une horizontale, et de chacun des points de contact de la *fig.* 155, abaissons une verticale. Les intersections de ces droites déterminent les angles de la *fig.* 156.

Observation. On voit que, dans la *fig.* 156, la ligne d'axe et l'une des arêtes sont représentées par une seule et même droite LM, et que le pied de l'axe se trouve en K.

287. Figures 157 et 158.— **Pyramide oblique aux deux plans de projection.** — *Obtenir les deux projections de la même pyramide (nos 285 et 286), sa base étant, comme no 286, oblique de 45° au plan d'horizon, mais son axe qui était parallèle au tableau lui devenant oblique de 15°.*

Construction.— *Projection horizontale (fig. 158).* 1° Menons la ligne NR, formant un angle de 15° avec l'horizontale As qui représente la ligne de terre comme lui étant parallèle ; — 2° à partir de l'intersection P qui indique le pied de l'axe, prenons NP, égale à LK (*fig. 156*), et PR égale à KM ; — 3° la ligne NR étant la projection oblique de la ligne LM, construisons sur cette droite la *fig.* 158 égale à la *fig.* 156, en commençant par le tracé de l'hexagone irrégulier. — *Projection verticale (fig. 157).* De chacun des points de contact de la *fig.* 155, menons une horizontale, et élevons une verticale de chacun des angles de la *fig.* 158, ainsi que du point P représentant le pied de l'axe. Les intersections de ces droites déterminent la *fig.* 157.

PLANCHE 59.

Projections d'un cylindre régulier.

288. Figure 159 et 160. — **Cylindre droit.** — *Obtenir la projection d'un cylindre droit, dont le cercle O est l'une des bases ou le plan.*

Opération. — *Projection horizontale (fig. 160).* 1° Menons le diamètre vertical prolongé en o', et le diamètre horizontal prolongé en s, tous deux déterminés par les cotes ; — 2° décrivons la circonférence d'un rayon de 28mm et divisons-la en un nombre pair quelconque de parties égales, soit 16 (d'abord en 8). — *Projection verticale (fig. 159).* 1° Traçons la ligne de terre TT, à 20mm au-dessous de l'horizontale de construction, et menons l'horizontale a' d' à 80mm de cette ligne ; — 2° des points extrêmes A, B, du diamètre horizontal et de chacune des divisions de la circonférence O (*fig.* 160), élevons des verticales.

Observation. Le rectangle *aa'd'd* suffit à la projection verticale du cylindre ; la division de la circonférence O et les génératrices autres que *aa'* et *bb'* sont seulement nécessaires pour la construction des projections obliques (*fig.* 161, 162, 163 et 164).

289. Figures 161 et 162. — **Cylindre oblique à un seul plan de projection.** — *Obtenir deux autres projections du même cylindre (fig.* 159 *et* 160), *ses bases devenant obliques au plan d'horizon de* 29°, *mais son axe et ses génératrices restant parallèles au tableau.*

Opération. — *Projection verticale (fig.* 161). 1° Menons la droite GI, formant avec la ligne de terre TT l'angle donné de 29°, et de même longueur que la base *ad* (*fig.* 159), soit 56ᵐᵐ à partir de G ; — 2° sur cette droite GI construisons la *fig.* GHK, égale à la *fig.* 59, en commençant par tracer JK parallèle à GI, à 80ᵐᵐ, hauteur de l'axe *oo'*, puis en menant *ef* perpendiculaire au milieu de GI. — *Projection horizontale (fig.* 162). De chacun des points de division de la circonférence (*fig.* 160), menons une horizontale à droite, et de chacune des extrémités des génératrices de la *fig.* 161, abaissons une verticale. Les intersections de ces droites déterminent les ellipses et les côtés de la *fig.* 162.

290. Figures 163 et 164. — **Cylindre oblique aux deux plans de projection.** — *Obtenir deux autres projections du même cylindre* (nᵒˢ 288 et 289), *ses bases restant obliques de* 29° *au plan d'horizon, mais son axe et ses génératrices qui étaient parallèles au tableau lui devenant obliques de* 24°.

Opération. — *Projection horizontale (fig.* 164). 1° Menons la ligne PR formant un angle de 24° avec l'horizontale As qui représente la ligne de terre comme lui étant parallèle ; — 2° à partir de l'intersection S, qui correspond au milieu de l'axe, prenons les segments SP, SR égaux aux segments LM, MN de la *fig.* 162 ; — 3° construisons sur cette droite PR une figure égale à la *fig.* 162, en commençant par mener *mn* perpendiculaire au milieu de PR. — *Projection verticale (fig.* 163). De chacune des extrémités des génératrices de la *fig.* 164, menons une horizontale, et élevons une verticale de chacune des extrémités des génératrices de la *fig.* 164. Les intersections de ces droites déterminent la *fig.* 163.

PLANCHE 40.

Projections d'un cône régulier.

291. Figures 165 et 166. — Cône droit.—*Obtenir la projection d'un cône droit, dont le cercle O est la base ou le plan.*

Opération. — *Projection horizontale (fig. 166).* 1º Menons le diamètre vertical prolongé en *o'*, et le diamètre horizontal prolongé en *s*, tous deux déterminés par les cotes; — 2º décrivons la circonférence d'un rayon de 30ᵐᵐ; — 3º du même rayon et de chaque extrémité des diamètres vertical et horizontal, décrivons deux arcs qui coupent la circonférence et la divisent ainsi en 12 parties égales. — *Projection verticale (fig. 165).* 1º Traçons la ligne de terre TT sur l'horizontale de construction; — 2° des points extrêmes A, B du diamètre horizontal et de chacune des divisions de la circonférence O *(fig. 166)*, élevons des verticales jusqu'à la ligne de terre; — 3° marquons le point *o'* distant de *o* de la longueur donnée pour l'axe ou hauteur du cône, 80ᵐᵐ; — 4° joignons par des droites le point *o'* avec chacun des points *a, ...o,...* obtenus sur la ligne de terre par les verticales élevées du plan.

Observation. Le triangle *ado'* suffit à la projection verticale du cône; les génératrices autres que *ao'* et *do'* n'ont d'utilité que pour la construction des projections obliques *(fig. 167, 168, 169 et 170).*

292. Figures 167 et 168. — Cône oblique à un seul plan de projection. — *Obtenir deux autres projections du même cône (N° 291), sa base devenant oblique au plan d'horizon de 40°, mais son axe restant parallèle au tableau.*

Opération. — *Projection verticale (fig. 167).* 1º Au point d'intersection V de la verticale de construction et de la ligne de terre, menons la droite VG, formant avec la ligne de terre l'angle donné de 40°, et de même longueur que la base *ad (fig. 165)*, soit 60ᵐᵐ à partir de V; — 2° sur cette droite VG, construisons une figure VGH égale à la *fig.* 165, en commençant par mener HI perpendiculaire au milieu de VG et en lui donnant la hauteur de l'axe oo'. — *Projection horizontale* (*fig.* 168). De chacun des points de division de la circonférence O (*fig.* 166), menons une horizontale à droite, et de chacune des extrémités des génératrices de la *fig.* 167, abaissons une verticale. Les intersections de ces droites déterminent l'ellipse et les génératrices de la *fig.* 168.

293. Figures 169 et 170. — **Cône oblique aux deux plans de projection.** — *Obtenir deux autres projections du même cône* (nᵒˢ 291 et 292), *sa base restant oblique de 40° au plan d'horizon, mais son axe qui était parallèle au tableau lui devenant oblique de 20°.*

Opération. — *Projection horizontale* (*fig.* 170). 1° Menons la ligne JL formant un angle de 20° avec l'horizontale As qui représente la ligne de terre comme lui étant parallèle ; - 2° à partir de l'intersection K, qui représente le pied de l'axe, portons la distance KJ à gauche, et la distance KL à droite, égales aux segments ED, EF de la *fig.* 168 ; — 3° construisons sur cette droite une figure égale à la *fig.* 168, en commençant par mener la droite *mn* perpendiculaire à JL et passant par le point d'intersection K. — *Projection verticale* (*fig.* 169). De chacune des extrémités des génératrices de la *fig.* 167, menons une horizontale ; élevons une verticale du sommet L ainsi que de chacun des points de division de l'ellipse (*fig.* 170). Les intersections de ces droites déterminent la *fig.* 169.

PLANCHES 41, 42.

Développements des solides.

294. Nous avons dit, nᵒ 273, qu'on entend par *développement* d'un solide la représentation plane de toute sa surface. Cette représentation présente peu de difficultés graphiques, mais elle est utile à connaître, parce qu'elle permet de construire les polyèdres et par suite d'en reconnaître exactement la forme. Voici la manière de procéder à cette opération.

1° Traçons les figures de développement des polyèdres sur une feuille de carton mince et blanc, avec des dimensions

linéaires à peu près doubles de celles des planches 41 et 42;
— 2° découpons les contours de chaque figure, puis entaillons
à mi-carton les lignes de division de chaque figure, opération
facile à exécuter avec un canif; — 3° replions les diverses
parties d'une même figure, et collons sur les arêtes de petites
bandes de papier mince.

295. Figure 171. — **Tétraèdre régulier.**

Opération. 1° Traçons un triangle régulier ABC dont le
côté AB est double de l'une des arêtes du tétraèdre donné :
— 2° divisons chacun des côtés en deux parties égales (40^{mm})
et joignons ces points de division par des droites.

Observation. La figure étant ainsi tracée, si nous faisons
un pli suivant chacun des côtés *ab, bc, ca* du triangle intérieur, les sommets A, B, C des triangles extérieurs viendront
se rejoindre au-dessus du point O, et le tétraèdre sera formé.

296. Figure 172. — **Pyramide quadrangulaire droite.**

Opération. 1° Traçons le carré de base; — 2° des points
A, B, et d'un rayon égal à l'une des arêtes AC, soit 30^{mm}, décrivons des arcs qui nous donnent l'intersection C; — 3° de
ce point comme centre, et du même rayon, décrivons un arc
ABD; — 4° portons le côté AB sur cet arc, autant de fois
que la pyramide doit avoir de côtés, ici quatre, et joignons
ces points de division avec le centre C.

Observation. Le tétraèdre régulier (*fig.* 171) est une pyramide triangulaire dont toutes les arêtes sont égales. Dans
toute autre pyramide (*fig.* 172), la longueur des arêtes AC, BC,
n'a aucun rapport obligatoire de dimension avec le côté AB
de la base.

297. Figure 173. — **Prisme triangulaire droit.**

Observation. Le tracé de cette figure n'exige qu'une seule
remarque : les triangles de bases sont équilatéraux, et
leurs côtés sont égaux aux arêtes de base.

298. Figure 174. — **Hexaèdre ou cube.**

Observation. L'hexaèdre ou cube n'est autre chose que le
prisme quadrangulaire régulier. La place des deux faces E, F,
n'est pas obligatoire ; ainsi E pourrait occuper la gauche du

carré A, de B ou de D, de même que F pourrait en occuper indifféremment la droite.

299. Figure 175. — Octaèdre.

Opération. 1° Du point O, et d'un rayon AO de 40ᵐᵐ, donné comme arête de l'octaèdre, décrivons une circonférence, et divisons-la en 6 parties égales ; — 2° par le centre O, les extrémités A, B, et les points de division C, D, menons les droites, etc.

300. Figure 176. — Dodécaèdre.

Opération. 1° Du point O, et d'un rayon de 44ᵐᵐ, décrivons une circonférence ; — 2° obtenons le côté AB du pentagone régulier (voir n° 161 et *fig.* 62) et construisons le pentagone ABCDE ; — 3° par les sommets deux à deux de ce pentagone, menons des droites qui le divisent en 6 petits pentagones réguliers, et qui, prolongées, déterminent un autre grand pentagone divisé également en 6 petits.

301. Figure 177. — Icosaèdre.

Opération. 1° Sur la droite AB, portons six divisions égales à l'une des arêtes de l'icosaèdre ; — 2° des points A, C, et d'un rayon AC, décrivons des arcs qui se coupent en D et nous donnent le triangle équilatéral ACD ; — 3° opérons de même des points B, C, divisons les distances AD, BE, DE, chacune en trois parties égales, et menons les droites *ab*, *cd*...., *etc.*

PLANCHES 43, 44.

Projections des polyèdres réguliers.

302. Projections du tétraèdre.

Figure 180. *Projection horizontale d'un tétraèdre posé sur une de ses faces, et dont une arête de base AC est parallèle au tableau.*

Figure 179. *Projection verticale du même tétraèdre posé sur une de ses arêtes EF, l'une de ses faces étant parallèle au tableau.*

Figure 178. *Projection verticale du même tétraèdre dont l'axe est parallèle au tableau.*

Observation. Lorsque l'on dit d'un polyèdre qu'il est posé sur une de ses faces, sur l'une de ses arêtes, sur l'un de ses sommets, cela signifie que cette face, cette arête ou ce sommet est dans le plan d'horizon.

Opération. 1° D'un rayon de 35^{mm}, traçons les trois circonférences, divisons-les chacune en six parties égales au moyen du rayon, et construisons trois triangles équilatéraux, etc. — 2°Pour la *fig.* 178, prenons la hauteur JI, portons-la de a, milieu de IJ, en b : Ja est la hauteur de ce tétraèdre.

303. Projections de l'octaèdre.

Figure 182. *Projection horizontale d'un octaèdre posé sur un de ses angles, son axe étant vertical et toutes ses faces étant obliques aux deux plans de projection.*

Opération. 1° Traçons la circonférence circonscrite et menons deux diamètres, l'un horizontal ac, l'autre vertical bd ; — 2° prenons au compas l'arc aA et portons-le en bB, cC, dD ; menons les deux diamètres obliques AC, BD, et traçons le carré ABCD.

Observation. Graphiquement, les diamètres ac, bd, sont l'un horizontal, l'autre vertical ; mais en réalité, d'après la projection énoncée, ils sont tous deux parallèles au plan d'horizon et par conséquent horizontaux eux-mêmes.

Figure 181.— *Projection verticale du même octaèdre, l'axe restant parallèle au tableau.*

Opération. 1° Traçons une circonférence égale à la première et menons les diamètres; — 2° des sommets A, B, C, D (*fig.* 182), élevons des verticales qui donnent la projection de ces points sur le diamètre EF ; — 3° joignons ces points par des droites avec les extrémités G, I du diamètre vertical qui représente l'axe.

Figure 183. — *Projection verticale du même octaèdre posé sur un de ses angles, mais son axe étant oblique de 45° aux deux plans de projection, et deux de ses faces étant parallèles au tableau.*

Observation. Les faces parallèles au tableau sont : le triangle JLN en avant et le triangle KMP en arrière. Cette figure serait encore la projection horizontale du même octaèdre posé sur une de ses faces KMP.

Opération. 1° Menons l'horizontale LN ; prenons un rayon égal au demi-côté AB du carré (*fig*. 182) et portons-le sur la ligne LN de chaque côté de *c* ; — 2° sur cette droite ainsi égale au côté du carré, construisons le triangle équilatéral JLN ; — 3° menons la bissectrice LP pour avoir le centre O de la circonférence circonscrite ; — 4° décrivons cette circonférence, divisons-la en six parties égales à l'aide de son rayon, et traçons l'hexagone JKLMNP.

304. **Projections du dodécaèdre.**

Figure 185. *Projection horizontale d'un dodécaèdre posé sur une de ses faces dont le côté antérieur* ab (*invisible en projection horizontale*) *est parallèle au tableau, ainsi que le côté postérieur* ef *de la face supérieure* efghi *parallèle à la première.*

Opération. 1° D'un rayon de 35^{mm}, traçons une circonférence, divisons-la en dix parties égales (n° 151, *fig*. 58) et construisons le décagone ; — 2° de chaque angle, menons trois droites à des angles opposés pour obtenir les angles *e*, *f*, *g*, *h*, *i* du pentagone ; traçons ce pentagone ainsi que les arêtes qui vont de ses angles aux angles de deux en deux du décagone.

Figure 186. — *Projection horizontale du même dodécaèdre posé sur une de ses arêtes qui est perpendiculaire au tableau.*

Opération. 1° Menons l'horizontale AB ; — 2° de chaque angle polyèdre de la *fig*. 185, abaissons une verticale ; — 3° des points A, B et d'un rayon égal à *jk*, moitié du côté du décagone (*fig*. 185), portons sur les deux verticales extérieures les distances BE, BF, AG, AH ; — 4° du point O, et d'un rayon OB, décrivons la demi-circonférence CBD qui détermine les points C, D ; — 5° menons les droites CE, CH, DF, DG, ainsi déterminées, et dont les intersections avec les verticales donnent les points nécessaires à l'achèvement de la figure.

Figure 184. *Projection verticale du dodécaèdre projeté horizontalement (fig. 185).*

Opération. 1° Menons une horizontale IJ ; — 2° de chaque angle de la *fig.* 185, élevons une verticale ; — 3° menons KL (*fig.* 186) par le point d'intersection O et perpendiculaire aux droites CE, DG ; — 4° menons *rr'*, *ss'*, parallèles à CE ; —5° portons les distances K*r'*, K*s'*, KL, ainsi obtenues sur la verticale JM à partir de J, et par les points J, *m*, *n*, *p*, menons des horizontales, etc.

305. **Projections de l'icosaèdre.**

Figure 188. *Projection horizontale d'un icosaèdre posé sur un de ses angles, l'axe étant parallèle au tableau.*

Opération. D'un rayon de 32^{mm}, traçons une circonférence, inscrivons un décagone et un pentagone ; joignons par des droites les angles du pentagone avec le centre O.

Figure 187. — *Projection verticale du même icosaèdre.*

Opération. 1° Menons une horizontale AB ; — 2° de chacun des angles de l'icosaèdre (*fig.* 188), élevons une verticale ; —3° sur la ligne *ab* ainsi déterminée, construisons le triangle équilatéral *abc* ; — 4° menons les bissectrices *de*, *fg* ; — 5° de leur point d'intersection *o* et d'un rayon *od*, décrivons une circonférence qui détermine les points *h*, *i*..., *etc.*

306. Nous avons fait connaître, n° 265, ce que l'on entend par *perspective géométrique* ; nous croyons devoir terminer ce cours de tracés élémentaires par la représentation d'après cette méthode, du cube ou hexaèdre régulier, ainsi que par les observations suivantes :

1° Les angles polyèdres, définis n° 268, sont des angles *Trièdres* dans le tétraèdre, l'hexaèdre, le dodécaèdre ;
Tétraèdres dans l'octaèdre ;
Pentaèdres dans l'icosaèdre.

2° Les sommets de tous les angles d'un polyèdre régulier se trouvent à la surface d'une sphère circonscrite.

La sphère circonscrite au *tétraèdre* (*fig.* 179), a pour rayon les deux tiers EH de la perpendiculaire E*n*, abaissée du sommet de l'un des triangles de face sur sa base, H*m* étant la moitié du rayon H*n* (Apothème, N°s 158 et 159).

La sphère circonscrite à l'*octaèdre* (*fig.* 182) a pour rayon la moitié de la diagonale menée d'un angle A à son opposé C. — Dans les solides, les *angles opposés* sont ceux dans la composition desquels n'entrent pas les mêmes faces.

L'appréciation du rayon de la sphère circonscrite au *dodécaèdre* (*fig.* 185), ainsi que de l'*icosaèdre* (*fig.* 187), dépasse les limites de ce cours.

La sphère circonscrite à l'*hexaèdre* (*fig.* 189) a pour rayon la moitié de la diagonale AF.

3° Dans le cube, vu en perspective géométrique (*fig.* 189), l'angle ABF, formé du côté AB, arête de deux carrés, et de la diagonale EF d'un autre carré perpendiculaire aux deux premiers, est nécessairement droit; pour obtenir la diagonale AF en vraie grandeur, il suffit donc de tracer l'angle droit ABF, composé d'un côté et d'une diagonale, puis de mener l'hypoténuse opposée à cet angle.

4° C'est parallèlement à la diagonale AF (*fig.* 189) que les ombres sont projetées en dessin linéaire; on la nomme *ligne à quarante-cinq degrés*, parce qu'elle forme un angle de 45° avec les trois faces du cube formant un même angle.

TABLE DES DÉFINITIONS.

EXPLICATION DES TERMES.

TABLE DES MATIÈRES.